Frank Schumann

Die Gauklerin

Der Fall Timoschenko

edition ost

ISBN 978-3-360-01842-7

© 2012 edition ost im Verlag Das Neue Berlin, Berlin
Umschlaggestaltung: edition ost unter Verwendung eines Fotos
von Frank Schumann
Fotos: Frank Schumann (87); Archiv S. 45, 84, 86, 87, 88, 113, 183, 220
Druck und Bindung: Aalexx Buchproduktion

Ein Verlagsverzeichnis schicken wir Ihnen gern:
Das Neue Berlin Verlagsgesellschaft mbH
Neue Grünstr. 18, 10179 Berlin
Tel. 01805/30 99 99
(0,14 Euro/Min., Mobil max. 0,42 Euro/Min.)

Die Bücher der edition ost und des Verlags Das Neue Berlin
erscheinen in der Eulenspiegel Verlagsgruppe

www.edition-ost.de

Lukjanowo

»Hier wird nicht fotografiert. Ich sage Ihnen, wo Sie Bilder machen dürfen und wo nicht!«

Die Ansage ist nicht unfreundlich oder gar drohend, aber unmissverständlich. *Er* ist der Chef hier. Wir stehen im Eingangsbereich des Untersuchungsgefängnisses Lukjanowo. Es ist die einzige Anstalt ihrer Art in der Fünf-Millionen-Metropole Kiew, rund dreihundert Personen warten dort auf ihren Prozess, heißt es. Der kräftige Mann um die Vierzig hat sein Gesicht zur Verschlusssache erklärt. Ich kann darin nicht lesen. Es wäre ein herrliches Motiv gewesen: der Offizier vor dem Eisentor und rechts hinter ihm das Fenster, durch das der Blick auf den Gefängnisvorhof fällt.

Ein Angestellter in Uniform sitzt hinter einem vergitterten Fenster mit einem Schlitz im unteren Teil.

»Ausweis«, sagt er knapp, und das klingt, als hätte ein deutscher Feldwebel auf dem Kasernenhof gebellt. Ich knalle die Hacken zusammen und sage »Zu Befehl«, worüber sich beide sichtlich amüsieren. Das Eis ist gebrochen.

Ich beobachte, wie der Mann mit Kuli meinen Namen und die Passnummer in ein Buch notiert, dann schiebt er das bordeauxfarbene Dokument mit dem Bundesadler durch den Schlitz zurück. Der Offizier nickt, öffnet das Gittertor, ich folge ihm. Nach wenigen Metern betreten wir einen Raum,

Die Einfahrt zum Untersuchungsfängnis Lukjanowo (»Kiewer Isolator«) im ältesten Teil der Stadt. Durch dieses Tor fuhr auch Timoschenko Anfang August 2011 ein. Vor dem Portal warten Besucher auf Einlass

dort wartet eine Schleuse, die man von Flughäfen kennt. Dahinter steht eine füllige Frau, sie winkt, ich solle hindurchtreten. Ich muss meine Taschen leeren, vor allem das Telefon hätte ich dazulassen. Ich habe keines dabei, sage ich. Sie schaut mich fast mitleidig an, als sei ich bein- oder armamputiert. Ihr Mitgefühl ist hier verständlich, aber bei mir unnötig. In Kiew gehören Handys zur unverzichtbaren Grundausstattung. Kaum jemand, der nicht mindestens ein Gerät ständig in der Hand trägt, viele halten gar zwei. Bei manchen scheinen die Dinger am Ohr festzukleben. Was nur, zum Himmel, haben sie wem unentwegt mitzuteilen?

Nein, ich habe wirklich kein Handy dabei, auch keine Aspirintablette, die man mir einmal aus der

»Anstalten wie der Kiewer Isolator, ein Kerker aus der Zarenzeit, sind chronisch überbelegt. Mehrere Häftlinge teilen sich ein Bett, Seuchen grassieren, und die Anlage stinkt«, schrieb die Frankfurter Allgemeine Zeitung *am 23. Dezember 2011*

Hosentasche in Tegel polkte, als ich in der dortigen Justizvollzugsanstalt einen deutschen Häftling besuchte. Im Unterschied zu Tegel findet hier auch keine handgreifliche Leibesvisitation statt. Ich darf noch einmal in den gläsernen Tunnel treten, die Arme breiten – alles okay.

Meine einzige »Waffe« sind meine Augen.

Später erfahre ich den Grund, weshalb man sichtliches Interesse an der Beantwortung der Frage hatte, ob ich ein mobiles Telefon mit mir führe. Wochen zuvor schmuggelte ein hiesiger Journalist mit Hilfe eines Wächters ein Mobiltelefon in die Anstalt, und damit hatte ein Untersuchungsgefangener nach draußen berichtet. Das war lange nach Timoschenko, die hier bis Ende Dezember 2011 einsaß, und hatte auch nichts mit ihr selbst zu tun. Aber offenkundig war es nicht zum Besten mit den Bedingungen bestellt. Jedenfalls hatte es in der Presse und in der Öffentlichkeit viel Aufregung gegeben, und ob sich danach etwas am Gefängnisregime geändert hat, vermag ich so wenig zu beurteilen wie manch anderes. Merkliche Tatsache aber bleibt: Handys müssen seither draußen bleiben.

Es werden Gittertüren laut geöffnet und laut wieder geschlossen. Ich trotte brav dem kräftigen Uniformierten hinterher, der mich zunächst im Besprechungszimmer informieren will.

Er bittet mich in einen Raum, in welchem bereits etliche Uniformierte offensichtlich auf mich warten. Ich werde an einen ovalen Tisch gebeten, der durch eine Blumenbank geteilt ist. Auf der einen Seite stehen zwei Fähnchen und, wie preußische Grenadiere ausgerichtet, mehrere Wasserflaschen und Gläser. Offenkundig hat man eine ganze Delegation erwartet. Mir gegenüber nimmt der Chef Platz, links und rechts reihen sich die anderen auf. Ich zähle insgesamt acht Personen. Nur einer trägt einen Anzug, das ist der Mediziner, dem ich bereits in der obersten Behörde begegnete. Die anderen werden mir nicht vorgestellt. Auf der Stuhlreihe an der Wand sitzt eine hübsche Frau in einem Kleid, sie scheint die Sekretärin des Mannes neben ihr zu sein. Die meisten Chefs hier haben, wie ich später feststellen werde, nicht nur einen Adjutanten, sondern auch eine Frau dabei – meist erheblich jünger als sie selbst und sehr attraktiv. In der Regel notieren sie jedes Wort – das vom Vorgesetzten wie auch meine Fragen. Diese Frau hier sitzt nur da und schweigt. Es redet allein der Gefängnisleiter.

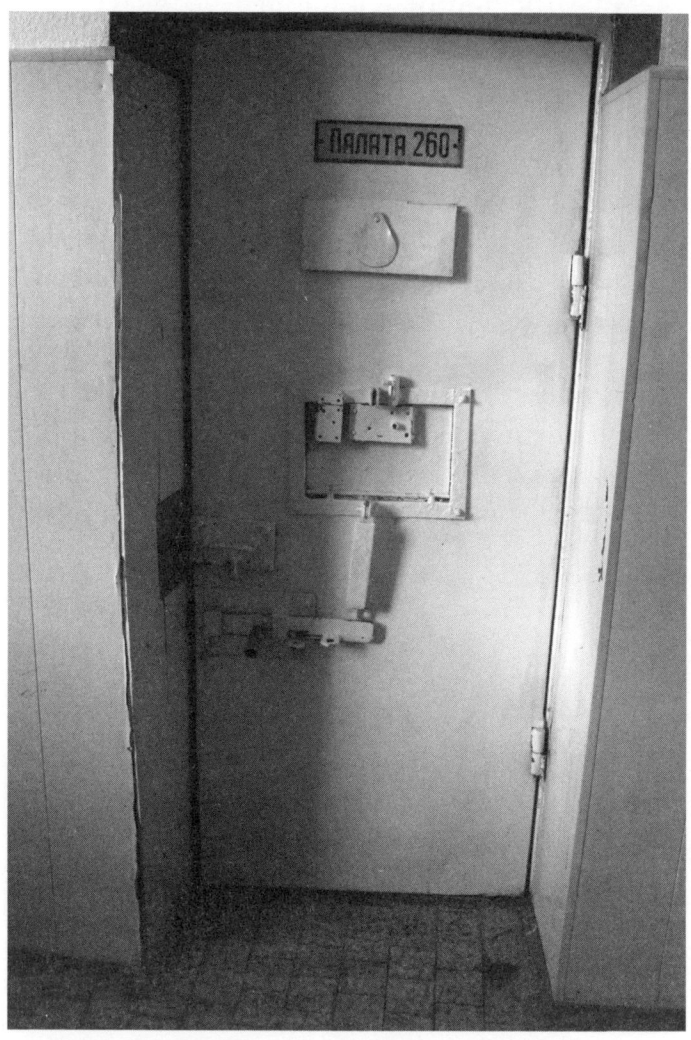

Die Zellentür mit der Nr. 260. Dahinter saß bis Ende Dezember 2011 der Untersuchungshäftling Julija Timoschenko

Ich bedanke mich bei ihm für die Möglichkeit, seine Einrichtung besuchen zu dürfen, und frage, ob er einverstanden sei, dass ich während unseres Gespräches das Diktiergerät benutze. Er schüttelt den Kopf, nein, er gebe kein Interview, seine Aufgabe bestehe lediglich darin, mir die Zelle zu zeigen, in der sich Frau Timoschenko fünf Monate aufgehalten hat.

Das Gefängnis befindet sich im ältesten Stadtteil von Kiew, sagt er, und es wurde bereits unter dem Zaren errichtet. Verschiedentlich wurden Gebäude angebaut, die nach Personen heißen, welche in jener Zeit das Sagen hatten. Ein Haus ist nach Stolypin benannt, dem russischen Premierminister von 1906 bis 1911, ein anderes nach Stalin, ein drittes nach Breshnew. Der letzte, erst jüngst fertiggestellte Neubau heißt »Timoschenko«, obgleich die Ex-Premier-

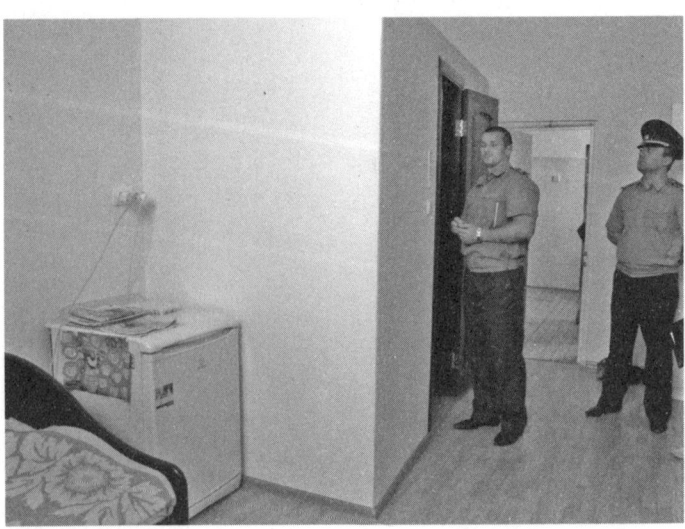

Timoschenkos Zelle mit abgetrennter Toilette, links ein Kühlschrank und die Liege der zweiten Insassin

ministerin dort nicht untergebracht war. Stolypin, das ist in diesem Kontext nicht uninteressant, wurde nach einem Opernbesuch in Kiew bei einem Attentat tödlich verletzt und auch hier begraben. Nicht ganz unbegründet, schließlich gab es schon bei seinem Amtsantritt einen Bombenanschlag mit 27 Toten, bei dem er aber nur leicht verletzt worden war. Damals hatte Stolypin in weiser Voraussicht verfügt: »Begrabt mich dort, wo ich ermordet werde.« Der Monarchist war übrigens 1862 in Dresden zur Welt gekommen: Sein Vater, ein General, arbeitete dort seinerzeit als russischer Gesandter.

Der Pulk erhebt sich, man wird mir jetzt das Haus zeigen, in welchem sich die bewusste Zelle befindet. Schwere Türen gehen auf und zu, stets wird die hinter uns zugeschlagene verschlossen, bevor die nächste aufgesperrt wird. Das Ritual ist mir aus Deutschland so vertraut wie aus den USA, wo ich in den 80er Jahren unweit von Minneapolis einmal ein Stadtgefängnis besichtigte. So muss ich weder lügen noch hochstapeln, als ich am Ende der Besichtigung gefragt werde, ob ihre Haftanstalt sich wesentlich von vergleichbaren Einrichtungen in anderen Ländern unterscheide. Die Gefängnisse gleichen sich überall auf der Welt, sie sind nirgends Sanatorien, sage ich.

Die Köpfe mit den riesengroßen Mützen nicken befriedigt im Takt.

Die *Frankfurter Allgemeine Zeitung* zitierte in ihrer Ausgabe vom 23. Dezember 2011 die vom ukrainischen Parlament, der Werchowna Rada, gewählte Menschenrechtsbeauftragte Nina Karpatschowa mit der Bemerkung, »die Anlage« stinke dermaßen, dass

*Die Liege zur Linken war die des U-Häftlings Timo-
schenko. Anfang November 2011 erleidet sie einen
Bandscheibenvorfall, »der sie an ihre Pritsche fesselt
und der nach Ansicht der Familie bewusst nicht
behandelt wird, um die Angeklagte durch Schmerzen
zu zermürben«, heißt es dazu anklagend in der* FAZ
am 23. Dezember 2011

sie nach jedem Besuch von Lukjanowo »ihre Kleider
in die Reinigung geben« müsse.

Wir schlendern über einen weitläufigen Hof, von
diesem geht es durch ein Metalltor in einen nächsten.
Es riecht in der Tat ein wenig streng. Der unange-
nehme Geruch gleicht jenem Gestank, wenn daheim
auf unserem Hof die Tanks der Fettabscheider des
Restaurants geleert werden. Die Offiziere versichern
mir, genau um einen solchen Vorgang handele es sich.

Als wir um die Ecke biegen, ist die Nase unbeläs-
tigt. Auf den Mauern und den Zinnen der Gebäude
mit den vergitterten Fenstern windet sich Stachel-

draht, der etwas neuere blitzt in der Sonne. Ich frage, ob schon mal Häftlinge ausgebrochen seien. Natürlich, sagt der Chef. Die Frage nach dem *Wie* bleibt unbeantwortet. Wir befinden uns schließlich auf einem Gefängnishof, heißt es entschuldigend. Bis auf den breitbeinig vor einem Eingang stehenden Uniformierten ist jedoch niemand zu sehen, der Ohrenzeuge seiner Ausführungen hätte werden können. Aber ich verstehe: Über Pannen dieser Art möchte er nicht reden, schon gar nicht mit mir, einem Ausländer.

Einer der wohl berühmtesten Ausbrecher von Lukjanowo hieß Ossip Pjatnizki. Er hatte hier 1902 eingesessen und floh nach fünf Monaten gemeinsam mit Maxim Litwinow und anderen Revolutionären ins Ausland; später, 1918/19, war Pjatnizki mit Karl Radek in Berlin. Doch während Litwinow sowjetischer Außenminister und dann Botschafter in den

Die Zellentür von innen

USA wurde, überlebte Pjatnizki als Mitglied des Exekutivkomitees der Kommunistischen Internationale die Tschistka nicht: Er wurde 1938 als vermeintlicher Führer eines faschistischen Spionageringes erschossen.

Über uns breitet sich blauer, unverfänglicher Himmel, er hat die kräftige Farbe der Metalltore, durch welche die Grüne Minna mit den Häftlingen ein- und ausfährt. Durch diese Pforten rollte auch die Politikerin mit dem blonden Haarkranz zum Justizgebäude am Kretschatik, wo man ihr im Herbst vergangenen Jahres den Prozess machte. Jenes Gericht will ich mir auch noch anschauen.

Die Sonne brennt heiß auf den Beton, obgleich der Kalender erst Mitte Juni zeigt. Die Kastanienblätter draußen vor der Gefängnismauer sind bereits braun von den Raupen der Miniermotte, die über die Alpen nach Deutschland eingewandert ist und sich binnen weniger Jahre auf dem ganzen Kontinent ausgebreitet hat. In dieser Hinsicht ist die Ukraine also in Europa angekommen – oder umgekehrt. Wie man will.

Links ragt ein weißer Klinkerbau in die Höhe, es ist das »Timoschenko-Haus«, höre ich.

Wir betreten das Gebäude zur Rechten. Die Stufen sind, wenngleich frisch gestrichen, merklich ausgetreten. In der ersten Etage führt man mich bis zur letzten Tür. Zwei Palmen stehen einsam in dem breiten Flur. Ich bin mir sicher, dass sie nicht extra meinetwegen hingestellt wurden, dazu haben sie zu wenige Wedel: Die mickern schon eine Weile so vor sich hin – das Licht, welches durch das Fenster an der Stirnseite fällt, ist für die Pflanzen offenkundig nicht ausreichend.

Die letzte hellgraue Pforte zur Rechten trägt in kyrillischen Lettern die Aufschrift »Palata 260«.

Einer aus der Gruppe der Uniformierten führt den Schlüssel ins Loch. Warum in den Gefängnissen, die ich besuchte, alle Schlüssel zwei Bärte haben, wissen die Götter, weshalb sie mit vielen anderen an einem großen Schlüsselring klappern, kann ich mir selber erklären.

In der Zelle befinden sich zwei Liegen, auf denen verschiedenfarbige Decken gebreitet sind, in der Mitte unterm Fenster, vor dem Heizungskörper, zwei Nachtschränkchen, auf denen ein kleiner Fernseher steht. Die Antenne spreizt sich oberhalb auf einem leeren Regal. Dazu ein Tisch und zwei Hocker. Auf der Schreibplatte liegen handschriftliche Aufzeichnungen. Als ich diese fotografieren will, kommt ein »Njet«. Das seien Notizen der jetzigen Insassen, die gingen mich nichts an.

Wo der Chef Recht hat, hat er Recht.

Zwischen der einen Schlafstatt und der Nasszelle mit Waschbecken und Toilette stehen ein Kühlschrank und rechts neben der Zellentür ein Schrank und ein Sideboard, auf dem sich ein Wasserkocher und ein wenig Geschirr befinden. Das Mobiliar hat die Farbe der Zellenwände, selbst die Toilettenbrille ist unschuldig weiß. Der Toilettenraum ist weitaus jüngeren Datums als das Haus, die Kacheln sind im modischen Ocker gehalten und die Tür besteht aus Massivholz wie die in meinem Hotelzimmer.

Ich bitte meine Begleiter, die Zellentür von außen zu schließen, denn innen hat sie keine Klinke, wohl aber einen Lederbezug, der einen Sehschlitz und eine Klappe aufweist, durch die das Essen gereicht wird. Das für den Untersuchungshäftling Julija Timoschenko kam täglich aus einem nahegelegenen Restaurant, wie ich höre.

Blick in die Toilette der Zelle

Als die Tür geschlossen ist und ich allein in der Zelle bin, setze ich mich auf die linke Liege, jene, welche die berühmteste Gefangene der letzten hundert Jahre in Lukjanowo nutzte. Die Matratze ist nicht weich und auch nicht besonders hart, Frau Timoschenko klagte über Rückenprobleme, weshalb ihr die Anstaltsmediziner eine mittelharte verordneten.

Nachdem ich auch die verschlossene Zellentür von innen fotografiert habe, lässt man mich wieder frei. Auf meine Frage, ob die anderen Verwahrräume ebenso aussähen, antwortet der Leiter mit einem vielsagenden Lächeln: Selbstverständlich.

Der Arzt in der Begleitung – er leitet die Medizinische Abteilung der Staatlichen Gefängnisaufsichtsbehörde – verabschiedet sich zum nächsten Termin. Von ihm hatte ich zuvor ein Papier erhalten. Auf mehreren Seiten war dort minutiös aufgeführt, welche Untersuchungen Frau Timoschenko seit ihrer Einlieferung am 5. August 2011 erfuhr. Die Auflistung endet mit dem 9. Mai 2012, das heißt die Behandlungen in Charkiw sind bereits mit erfasst. Das eigentlich Interessante an dem medizinischen Bericht ist weniger das, *was* mit der Frau, die alle nur »Julija« nennen, geschah, sondern ihre Reaktionen darauf. Als Gromyko sowjetischer Außenminister war, trug er im Westen den Spitznamen »Mr. Njet«, was gewiss übertrieben war: Der Diplomat stimmte durchaus gelegentlich Vorschlägen der anderen Seite zu. Gleichviel: Nach der Lektüre jener fünf Blätter glaube ich das weibliche Pendant gefunden zu haben.

Wir gehen gemächlichen Schritts zum Hauptgebäude zurück. Der Anstaltsleiter erkundigt sich neugierig, was und worüber ich schreiben werde, und verlässt damit zum ersten und einzigen Mal die Rolle des neutralen Staatsbediensteten. Auch ein Schließer ist ein normaler, wissbegieriger Mensch.

Das wisse ich auch noch nicht so genau, antworte ich, worauf er wieder sein amtliches Verschlusssachen-Gesicht aufsetzt. Die konkrete Geschichte entstehe zu Hause, in Deutschland, ich sammle erst einmal Eindrücke und führe Gespräche, versuche ich meine vage Auskunft zu erklären. Welche Begebenheit welchen Stellenwert besitzt, was ich vernachlässige oder betone, entscheidet sich meist erst beim Schreiben daheim. Einzig zur Tendenz könne ich etwas sagen: Sie wird objektiv sein.

Denn das hatte ich schon bei anderen Begegnungen bemerkt: »Objektiv« heißt die Brücke, über die leicht zu gehen ist. Jedes Mal, wenn der Name Timoschenko fiel, ich meine Herkunft und meine Absicht kundtat, war das Misstrauen, gar Missfallen – mehr oder minder höflich verklausuliert – unüberhörbar. Wieso man sich in Deutschland für eine Kriminelle derart ins Zeuge legte, hieß es meist. Man stelle sich vor: die Ukraine hätte seinerzeit in den 80er Jahren, als die bundesdeutschen Wirtschaftsminister Otto Graf Lambsdorff (FDP) und Hans Friderichs (FDP) rechtskräftig wegen Steuerhinterziehung verurteilt wurden, mit der gleichen Leidenschaft und derart emotional interveniert wie die deutsche Presse und Politik im Falle von Timoschenko heute.

Gemach, gemach, warf ich ein, Graf Lambsdorff wurde zu einer Geldstrafe von 180.000 D-Mark verurteilt und nicht zu sieben Jahren Haft. Worauf der

Einwand kam: Hier ginge es um einige Hundert Millionen, um die sich die Frau bereichert habe, und um andere schwere kriminelle Delikte. Worauf ich entgegnete, dass niemand das legitime Recht des ukrainischen Staates in Abrede stelle, Gesetzesbrecher zur Verantwortung zu ziehen, schließlich gelte auch in der Ukraine der Grundsatz, dass alle Staatsbürger vor dem Gesetz gleich seien, wobei sich mir persönlich mitunter der Eindruck aufdränge, dass manche Staatsbürger dann doch ein wenig »gleicher« seien als andere, nähme man beispielsweise nur die Privilegien, die der Häftling Timoschenko genösse. Der Unmut in Deutschland richte sich vornehmlich gegen die Höhe der Strafe, wenngleich, das will ich zugestehen, vielen in Westeuropa eine Verurteilung von Frau Timoschenko schon allein deshalb nicht schmecke, weil sie es vermochte, sich als Gralshüterin der ukrainischen Demokratie zu inszenieren, weshalb jede Kritik an ihr – so kurzschlüssig denkt mancher deutscher Politiker – zugleich ein Angriff auf die Demokratie und die Menschenrechte darstelle. Und nebenbei: Würde man sich so ereifern, wäre sie ein Mann, alt und hässlich?

Und selbst wenn ihr Prozess politisch motiviert gewesen sei: Dann wäre das immer noch besser als die Praxis in den 90er Jahren, wo mit Hilfe von Auftragsmördern politische Gegner oder wirtschaftliche Konkurrenten ausgeschaltet wurden. Es gibt schließlich immerhin ein Leben nach der Haft.

Die Vokabel »objektiv« befreit mich in den Augen der Ukrainer, mit denen ich spreche, vom Verdacht, ich würde ja doch nur die bekannten Plattheiten von

Besucher vorm Eingang der U-Haftanstalt in Kiew

der Diktatur und den verletzten Menschenrechten verbreiten, wie das im fernen Deutschland fortgesetzt von maßgebende Personen getan wird, die nie ihren Fuß auf ukrainischen Boden gesetzt haben, aber dennoch genau zu wissen meinen, was in Europas größtem Staat vor sich geht.

Mein Hinweis, dass von dieser Anmaßung nicht nur die Ukraine betroffen sei, scheint meinen Gesprächspartnern wenig Trost, hingegen meine Ansage, ich wolle »objektiv« über die Verhältnisse urteilen, soweit sie mir verständlich und zugänglich seien, hinreichend Garantie zu sein, dass sie von Vorhaltungen, Belehrungen, von Häme oder gar Spott verschont bleiben würden.

Allein das ist ihnen Grund, mich ins Bild zu setzen, wo und wie ich es wünsche. Ich unterstelle jedoch, dass sie mir nicht alles sagen und zeigen, und dass manche Geranie jetzt an einem Platz steht, wo sich vordem kein Blumentopf befand.

Der Direktor des Untersuchungsgefängnisses bringt mich auf dem gleichen Weg zum Ausgang, auf dem wir gekommen sind. Tür auf, Tür zu, Tür auf, Tür zu. Ein fester Händedruck, dann öffnet sich die Pforte in die Freiheit. Vor dem Einlass drängen sich etliche Personen, zumeist Frauen, die einen Besuchstermin haben oder ihn beantragen wollen. Es sind dieselben, die bereits vor anderthalb Stunden hier warteten. Oder doch neu Hinzugekommene? Ich vermag es nicht zu beurteilen. Gemessen an Aussehen und Gewandung scheinen alle Klassen und Schichten vertreten.

Sie harren geduldig aus, wie sie es hierzulande seit Menschengedenken gewohnt sind.

Die Behörde

Die Melnikowa ist eine Ausfallstraße, sie führt durch den Nordwesten von Kiew und wird gesäumt von Geschäften, Banken, Hotels, Wohnhäusern und offiziellen Gebäuden. Fast am Ende, hinter einem schmiedeeisernen Zaun, erhebt sich im Halbrund ein Viergeschosser. Die Farbe des Neubaus weist eine gewisse Ähnlichkeit mit der junger Schweine auf. Wenn die Vormittagssonne, wie jetzt im Augenblick, auf die Fassade scheint, leuchtet diese besonders. Selbst die Fallrohre der Dachrinnen tun es in dieser auffälligen Farbe.

In den Zaun ist ein Würfel in Rotbraun eingebaut, das ist die Schleuse, durch die man hindurch muss, will man zu Generalmajor Sergej Mikolajewitsch Sidorenko. Er ist der Chef der Behörde, die die Aufsicht hat über alle Gefängnisse in der Ukraine. Die DPS, so das Kürzel von *Derschawna Penitenziarna Sluschba Ukraini*, entscheidet, ob ich sehen kann, was ich sehen möchte, ob ich dort sprechen darf, den ich zu sprechen wünsche, oder eben auch nicht.

Ein junger, schlanker Major holt mich beim Pförtner in der Schleuse ab. Er trägt eine Mütze von der Größe eines mittleren Wagenrades. Ich erkundige mich bei ihm, während wir über den Hof schlendern, warum nach 1990 alle Offiziersmützen in den Nachfolgestaaten der Sowjetunion erheblich gewachsen sind, oder ob mein Eindruck täuscht. Mitnichten, sagt der Major, und antwortet auf Nachfrage, was der Grund dafür sei, auf Englisch: Global warming. Ich verstehe den Sinn nicht, was er mir offenkundig anmerkt, und schiebt nach: Die neuen Mütze werfen einen größeren Schatten …

Eine solch witzige Antwort hatte ich nicht erwartet, schon gar nicht hier, wo das Leid oder Schicksal von vielleicht etwa 150.000 inhaftierten Strafgefangenen in rund zweihundert Gefängnissen und Straflagern verwaltet wird. Gemessen an der Einwohnerzahl von etwa 45 Millionen scheint dies ein hinnehmbares Verhältnis, wenn man sich nicht nur in Europa, sondern in der Welt umschaut. In den USA beispielsweise sollen auf 100.000 Staatsbürger etwa 750 Häftlinge kommen, in der Ukraine rechnet man mit etwas mehr als der Hälfte davon, womit man annähernd estnische Verhältnisse hat. Estland ist EU-Mitglied und gilt als ein Musterland der Demokratie, wie auch

Die Aufsichtsbehörde aller ukrainischen Strafvollzugs-anstalten in der Melnikowa 81 in Kiew

die Vereinigten Staaten von Amerika. An dieser Stelle fühle ich mich, weiß der Teufel warum, an den irischen-britischen Nationaldichter und Literaturnobelpreisträger George Bernard Shaw (1856-1950) erinnert, der gesagt hat: »Ich bin bekannt für meine Ironie. Aber auf den Gedanken, im Hafen von New York eine Freiheitsstatue zu errichten, wäre selbst ich nicht gekommen.«

Der Major führt mich über breite, mit Teppichen bedeckte Treppen. Flure und Räume sind beachtlich, sie sind praktisch der Gegenentwurf zu den weniger großzügig bemessenen Zellen, für die man zuständig ist. In der ersten Etage passieren wir ein Museum, das zu besichtigen ich wenig später eingeladen werde. Im Geschoss darüber amtiert der Chef. Er kommt ins Vorzimmer, begrüßt mich freundlich mit Handschlag und bittet an den Tisch in seinem Büro. Dieses wirkt bescheiden, der einzige Wandschmuck ist ein Porträt von Präsident Janukowitsch. Das Bild hängt, gemessen an seiner Größe, ein wenig zu hoch überm Chefsessel, aber hier geht es weniger um Proportionen, sondern um Politik.

Neben dem Schreibtisch, über einem Kleiderständer, hängt Sidorenkos Generaluniform für den Fall, dass er schnell mal offiziell werden muss. Im Schrank, aus schwerem Nussbaum wie das gesamte Mobiliar, sind die Devotionalien und Gastgeschenke zu sehen, wie man sie überall auf der Welt in Chefbüros besichtigen kann. Vielleicht finden sich anderenorts keine Ikonen, von denen ich hier mindestens zwei entdecke, anderenorts wird auch die Rechtgläubigkeit nicht so auffällig herausgestellt wie hierzu-

Generalmajor Sidorenko in seinem Amtszimmer, der Chef aller Gefängnisse in der Ukraine

lande. In jedem Gefängnis, das ich später besichtigen werde, gibt es seit Neuem eine Kapelle; in Charkiw beispielsweise baute man ein Kirchlein mit goldbedeckten Zwiebeltürmchen in den Innenhof.

Sidorenko, das schüttere Haar nach hinten gekämmt, schaut mich mit seinen blaugrauen Augen freundlich an und erkundigt sich nach meinen Wünschen. So und so.

Ja, das Untersuchungsgefängnis könne ich heute besuchen, sagt er, und in Charkiw das Frauengefängnis, wo Frau Timoschenko seit Jahresbeginn inhaftiert sei. Derzeit jedoch befinde sie sich im Eisenbahnerkrankenhaus. Ob ich das auch sehen könne, erkundige ich mich? Koneschno, sagt er, natürlich. Aber Frau Timoschenko sprechen könne ich nicht. Warum nicht? Sie sei dort in Behandlung und nicht zur Wahrnehmung von Presseterminen, antwortet der

Generalmajor in ruhigem, unaufgeregtem Tonfall, und als er meine Enttäuschung sieht, öffnet er ein Hintertürchen. Ich solle mit dem Klinikchef sprechen, vielleicht ergebe sich ja doch eine Gelegenheit.

Sidorenko fordert mich auf, den Pass seinem Adjutanten zu geben. Der Major verschwindet geräuschlos ins Vorzimmer, er »stellt durch«. Gleichzeitig kommt ein Mann herein, der mir als der Leiter der medizinischen Abteilung der Behörde vorgestellt wird. Er hat mehrere Blätter dabei, die er mir in die Hand drückt. Das seien Informationen über die mit Frau Timoschenko während der Haft durchgeführten Untersuchungen, sagt er, wobei schon ein flüchtiger Blick offenbart, dass dies eher ein Bericht über nicht erfolgte Untersuchungen ist, denn die Patientin lehnte meist ab.

Dass er mir dieses Papier präsentiert, erscheint verständlich: Ein Großteil der Vorhaltungen in Westen zielt auf die angeblich verweigerte oder unzureichende medizinische Versorgung von Julija Timoschenko. Die, wie es heißt, es im Kreuz hat. Mal ist von einem, mal von zwei Bandscheibenvorfällen die Rede, ein andermal von einem unbehandelten Wirbelbruch. Das Leiden jedenfalls war in die internationale Öffentlichkeit getragen worden. Die Krankengeschichte bekam Ende April neuerlichen PR-Schub, als Timoschenko in den Hungerstreik trat. Bundesaußenminister Westerwelle drohte nebulös mit Konsequenzen bei den Bemühungen der Ukraine, Mitglied der EU zu werden, und bot an, dass Timoschenko »in einem deutschen Krankenhaus behandelt werden kann, in dem gute Betreuung garantiert ist«. Da sah man, wie komplex Politik mitunter sein kann: Das Schicksal des größten Flächenstaates in Europa hing wenn auch nicht am seidenen Faden, wohl aber an einem einzigen Rückenwirbel.

Mitte April waren der Chef der Berliner Charité, Karl Max Einhäupl, und der Leiter der Orthopädie an der Charité, Norbert Haas, in Begleitung eines Vertreters des Bundeskanzleramtes nach Charkiw gereist, um das Krankenhaus zu visitieren.

Das war bereits die zweite Reise der Mediziner. Im Februar hatten sie schon einmal, damals gemeinsam mit drei Spezialisten aus Kanada, Timoschenko untersucht und von einer »ernsthaften Erkrankung« gesprochen, die nicht im Gefängnis behandelt werden könne. Allerdings: Auch in einem deutschen Gefängnis sei eine derartige Therapie nicht durchführbar, hatte Einhäupl erklärt. Als Reaktion darauf war Timoschenko in das Eisenbahnerkrankenhaus zur Behandlung verlegt worden.

Nun wollten die beiden Charité-Ärzte klären, ob das Hospital den Anforderungen genüge. Das sibyllinische Fazit: »Die besonderen Probleme von Frau Timoschenko in körperlicher, aber auch in psychischer Hinsicht sowie die besondere persönliche Krankengeschichte lassen es unwahrscheinlich erscheinen, dass die Therapie dort erfolgreich sein wird.«

Daraufhin war Timoschenko in den Hungerstreik getreten und Boxweltmeister Vitali Klitschko, als OB-Kandidat für Kiew gescheitert, inzwischen als »ukrainischer Oppositionspolitiker« reüssierend, fürchtete gleich dramatisch um ihr Leben. Die Reaktion der

Angenehmer Gesprächspartner: Sidorenko

ukrainischen Ärzte war erklärlich. Erstens wollten sie nicht den unausgesprochenen Vorwurf auf sich sitzen lassen, sie seien unfähig, eine Patientin wie Julija Timoschenko zu therapieren, und zweitens fragten sie mit Recht: Welcher Staat würde einen Strafgefangenen wegen einer solch dehnbaren Diagnose ausreisen lassen, also de facto aus der Haft entlassen?

Ich studierte also den Text, den mir der medizinische Leiter über den Tisch geschoben hatte.

Von den 42 Untersuchungen in der U-Haft, in der sich Timoschenko vom 5. August 2011 bis zum Ende des Jahres befand, hatte sie 21 abgelehnt – selbst jene fünf, an denen ihr persönlicher Arzt teilnehmen sollte. Lediglich ihre persönliche Krankenschwester ließ sie zehnmal Hand anlegen.

An diesen Untersuchungen waren 25 Fachärzte beteiligt. Im Einzelnen wurden nachfolgend die Untersuchungen aufgezählt, die allenfalls Mediziner interessieren dürften, den Laien eher nicht. Schließlich folgten Ausführungen zu den Untersuchungen der Ärztekommission in Charkiw, und Auskunft darüber, dass am 17. Januar 2012 mit Massagen begonnen worden war. Es hatte 19 Behandlungen gegeben, der Gesundheitszustand galt als zufriedenstellend.

Am 7. März hätten sich die ukrainischen und die deutschen Ärzte auf die weitere Therapie verständigt. Der auf der Basis der deutschen Empfehlungen ausgearbeitete »komplexe Therapieplan« (medikamentös und physiotherapeutisch) sei fünf Tage später Timoschenko vorschlagen worden. Den aber lehnte sie ab.

Am 15. März unternahm die unabhängige Expertenkommission einen weiteren Vorstoß, um sie von den Empfehlungen der deutschen Ärzte zu überzeugen. Sie lehnte den Beginn einer Behandlung ab.

Am 19. März wurden ihr weitere Patienteninformationen und neuerlich die Zustimmungserklärung vorgelegt, die sie unterzeichnen sollte. Am 22. März wurde sie wiederum gebeten, endlich den Behandlungen zuzustimmen. Über die erneute Verweigerung wurde ein Aktenvermerk angelegt, lese ich. So arbeitet eben ein Amt. Am 26. März schlug ihr eine Expertenrunde aus dem Gesundheitsministerium vor, im Zentrum für Notfall- und Unfallmedizin der Stadt Charkiw oder im Institut für die Pathologie der Wirbelsäule und des Beckens »M. Sitenko« eine Computertomographie vornehmen zu lassen. Timoschenko lehnte wie gewohnt ab und forderte stattdessen eine stationäre Behandlung in einer spezialisierten medizinischen Einrichtung, d. h. also außerhalb der Haftanstalt.

Dieser Bitte entsprach man am 2. April. Julija Timoschenko sollte in die Zentralklinik der Ukrainischen Eisenbahn überführt werden, sie selbst stimmte am 4. April der Behandlung unter Hinzuziehung von Fachleuten der Akademie der medizinischen Wissenschaften der Ukraine zu. Am 20. April 2012 wurde sie daraufhin vom Gefängnis ins Hospital verlegt.

Doch anderntags lehnte Timoschenko die erste medizinische Untersuchung und auch die Behandlung rigoros ab. Sie wurde wieder ins Gefängnis zurückgebracht. Dort trat sie in einen Hungerstreik. Der nun aus Berlin eingeflogene Neurologe Prof. Lutz Harms von der Charité konnte sie dazu bewegen, den Hungerstreik zu beenden und der Behandlung im Eisenbahnerkrankenhaus zuzustimmen. Eine weitere Nichtbehandlung des Bandscheibenvorfalls würde, so hatte er ihr klargemacht, zu bleibenden Schäden führen.

Auf einer Pressekonferenz in Charkiw erklärte Prof. Harms, dass Julija Timoschenko unter »chronischem Schmerzsyndrom« leide. »Das kann nicht mit Physiotherapie und ein paar Tabletten behandelt werden und wird nicht nur drei Tage dauern.« Er sprach von einer Aufbautherapie, die mindestens zwei Monate in Anspruch nehmen werde.

Damit war klar, dass sich Timoschenkos Gerichtstermin am 21. Mai erledigt hatte.

Am 9. Mai wurde Julija Timoschenko also wieder vom Frauengefängnis in das Eisenbahnerkrankenhaus verlegt und dort endlich mit der Therapie begonnen.

Ein knappes Vierteljahr später veröffentlichte die Berliner Charité eine Pressemitteilung, die kaum Beachtung in den Medien fand. »Am Montag, dem 30. Juli, haben sich die Charité-Ärzte Prof. Karl Max Einhäupl, Dr. Anett Reißhauer und Prof. Lutz Harms mit den behandelnden Ärzten von Julija Timoschenko in Charkiw getroffen. ›Die Gespräche mit den ukrainischen Kolleginnen und Kollegen verliefen durchweg positiv‹, sagte Prof. Einhäupl nach seiner Rückkehr aus der Ukraine. ›Wir führten konstruktive Gespräche mit der ukrainischen Gesundheitsministerin Raissa Bogatyrjowa, die von einem kollegialen Verständnis geprägt waren‹, setzte er fort.

Einigkeit herrschte zwischen den Charité-Ärzten, den ukrainischen Ärzten des Krankenhauses Nr. 5 und den ukrainischen Mitgliedern der internationalen Kommission, dass die Therapie gemeinsam fortgesetzt werden soll.

Eine erste Besserung des Zustandes von Frau Timoschenko wurde von allen Beteiligten konstatiert. Die therapeutischen Maßnahmen werden auch weiterhin in enger Abstimmung zwischen den deutschen und den ukrainischen Ärzten stattfinden. Um die

Genesung zu stabilisieren, ist aus Sicht der beteiligten Experten eine achtwöchige stressfreie Therapie aber zwingend notwendig. ›Die Behandlung von Frau Timoschenko sehen wir als unseren ärztlichen Auftrag, der auf einer weltweit geltenden ärztlichen Ethik basiert. Politische, rechtliche und soziale Bewertungen sind ohne Relevanz‹, fügt Prof. Einhäupl hinzu.«

Das ist, als ich im Zimmer von Generalmajor Sidorenko sitze, noch nahe Zukunft. Und ich interessiere mich zudem – im Unterschied zu den Ärzten aus Berlin – mehr für die politische, rechtliche und soziale Seite des Falls, weniger für die medizinische. Die ist zwar auch von einer gewissen Relevanz, zumal sie von der Protagonistin offenkundig als wirksames Instrument eingesetzt wird. Aber ich bin zu sehr Laie, um mich durch diese Fachbegriffe quälen zu können: Die

Der Leiter der Medizinischen Abteilung der DPS zu kurzer Visite beim Chef und nach der Übergabe der Behandlungsliste

sind im Ukrainischen genauso unverständlich wie in meiner Muttersprache.

Der Arzt lächelt, als ich versuche, ihm dies mitzuteilen, ohne dabei unhöflich zu erscheinen. Nun hatte er sich soviel Mühe mit der Liste gegeben, und ich Ignorant sage nur: schönschön, ich werde es vielleicht, nein, ganz gewiss als Hintergrundmaterial nutzen.

Dann kehrt der Major zurück und reicht mir den Pass. Und seinem Chef versichert er, dass alles erledigt sei. Sidorenko erhebt sich und ergreift die Broschüre im A4-Format, die die ganze Zeit vor ihm lag. Es ist ein 172-seitiger Katalog, vierfarbig, ediert von seiner Behörde. Per Foto und sortiert nach den Bezirken des Landes werden dort die Erzeugnisse präsentiert, die in den Strafanstalten hergestellt werden. Denn nur etwa ein Drittel der Betriebskosten der Gefängnisse wird aus dem Staatshaushalt finanziert, die anderen zwei Drittel müssen die Anstalten selbst erwirtschaften. Arbeit im Vollzug, so werde ich im Frauengefängnis zu Charkiw erfahren, ist nicht nur unter therapeutischen und sozialen Aspekten zu sehen, sondern auch unter ökonomischen. Von Uniformen über Möbel bis zu Ziegelsteinen ist alles im Angebot, Hunderte verschiedene Produkte, die auf dem Binnenmarkt verkauft werden müssen. Ja, auch Regale sind darunter, aber keine, die so aussehen, als wären sie für ein schwedisches Möbelhaus bestimmt.

Aus dem Oblast Charkiw, so ist auf den Seiten 124ff. zu erfahren, kommen Ackerbaugeräte und Anhänger, Kioske und Sonnenkollektoren sowie schmiedeeiserne Gartenzäune und -tore, Parkbänke und Kinderschaukeln, Mobiliar und Bausteine,

Schnitzarbeiten und Uniformen, Arbeitskleidung und Herrenschuhe. Sofern Interesse besteht: Rufen Sie Oberst Barasch Jewgen Juchimowitsch unter der 0057-732 49 03 an. Aber die Wahrscheinlichkeit ist gering, dass Sie einen von Frau Timoschenko genähten Anorak bekommen. Wie mir ihre beiden Zellenmitbewohnerinnen später erzählen werden, hat sie keinen Tag in der Schneiderei gearbeitet. Und sie wird es vermutlich auch nie müssen.

Sidorenko verabschiedet sich freundlich, nicht ohne seinen Adjutanten zu beauftragen, mir – sofern ich möchte – unbedingt ihr Museum zu zeigen. Ich nehme dieses Angebot gern an, wann schon hat man mal Gelegenheit zu sehen, wie die Geschichte des Strafvollzuges in der Ukraine dargestellt wird?

Eine kräftige Frau im blauen Hosenanzug ist gerade dabei, das Parkett in den Ausstellungsräumen zu wischen, und sagt dem Major, dass er hier nichts zu suchen habe. Es ist wie in Sowjetzeiten, wo eine Deschurnaja mehr zu bestellen hatte als ein General.

Der Adjutant trollt sich mit leicht gerötetem Antlitz, ich komme ihrer Aufforderung, mich nicht von der Stelle zu rühren, nicht nach: Warum auch, ich bin Ausländer, ich verstehe sie doch nicht.

Sie kapituliert. Na also.

Neben dem schweren roten Samt an der Stirnseite mit der Dienstflagge der Behörde und einer Vitrine mit den Orden und Ehrenzeichen, die dem Amt in den letzten zwei Jahrzehnten verliehen wurden, hängt das Porträt Stalins, der sich eine Pfeife anzündet. Das Bild gehört zur Ausstellung, aber so zufällig wird's ausgerechnet an diesem Platz wohl nicht hängen. Dann

Putztag im Museum in der ersten Etage

kehrt der Major zurück, wechselt ein paar Worte mit dem Zerberus, und wir dürfen passieren. Die Exposition greift weit zurück, bis in die Zarenzeit. Vom Beil eines Henkers über Handschellen und Ausbruchswerkzeug: alles da. Es gibt viele Dokumente und Dekrete zu besichtigen, Fotos und Urkunden, Plakate, insbesondere aus der Zeit des Großen Vaterländischen Krieges, und Zeugnisse aus Strafgefangenenlagern in den 40er und 50er Jahren. Es gibt keine Brüche in der Dramaturgie, die Zeit, in der die Ukraine zur Sowjetunion gehörte, fügt sich nahtlos ein. Keine Distanzierung, keine Schmähung, Sachlichkeit statt Polemik. Auch keine Heroisierung der Gegenwart. Geschichte ist Geschichte und basta.

Ich schaue bedauernd auf die Uhr, in einer halben Stunde erwartet mich am anderen Ende der Hauptstadt der 1. Stellvertreter des Generalstaatsanwalts, sage ich. Der Major hat Verständnis und bittet mich

Mit dem jungen Major in der Ausstellung

um einen Eintrag ins Gästebuch. Gut, sage ich, das ist ein akzeptabler Deal: ein Autogramm für die Zustimmung seiner Behörde, mindestens zwei ihrer Gefängnisse besichtigen zu dürfen. Ich lobe, ohne zu heucheln, die Anschaulichkeit der Ausstellung und die bemerkenswerte Souveränität, mit der die Verantwortlichen mit der Vergangenheit umgehen.

Über die Fotos im Eingangsbereich, die von der Vermählung des Strafvollzugs mit der Kirche künden, vom Miteinander der hohen Geistlichkeit und der Generäle, verliere ich kein Wort. Ich komme zwar aus einem formal laizistischen Land, doch die Tatsache, dass bei uns die Kirchensteuer vom Staat eingezogen und an die Kirchensteuerämter weitergeleitet wird, dass es Militärseelsorge, Religionsunterricht an staatlichen Schulen und überproportional viele Kirchenvertreter in Mediengremien gibt, lässt mich schweigen. In der Ukraine vollzieht sie offenkundig nur das, was in Deutschland schon immer Usus ist.

Der Generalstaatsanwalt

Zurück mit dem Auto durch die Innenstadt. Der Verkehr, sofern nicht in markierte Spuren gezwängt, läuft nach römischem oder Pariser Muster: Wer die lauteste Hupe und das stärkste Selbstbewusstsein hat, setzt sich durch. Ich bewundere den Taxifahrer, der beides besitzt. Nebenbei erklärt er auch noch die Gebäude und Denkmale am Wegesrand. Das da sei das Außenministerium und jenes dort die Kirche des Michaelklosters, welches in der Stalinzeit gesprengt und mit Spenden der Gebrüder Klitschko wieder aufgebaut wurde. Die drei Denkmale auf dem Michaelplatz davor zeigten die Großfürstin Olga, den Apostel Andreas sowie die Slawenapostel Kyrill und Method. Olga von Kiew wurde von der russisch-orthodoxen Kirche 1547 heilig gesprochen. Natürlich wären die Marmorplastiken jüngeren Datums.

Schon schieben wir uns hupend über den größten Platz Kiews, an dem die Altstadt mit dem Kretschatik ihren Ausgang nimmt. Auf den Platz ragt eine Säule 63 Meter in die Höhe. Sie weist eine selten hässliche Krönung auf. Das Areal heißt seit 1991 Maidan Nesaleschnosti, Platz der Unabhängigkeit, und das Denkmal bestätigt die alte Erkenntnis: Wenn nationales Pathos zu Kunst wird, triumphiert meist der Kitsch. Der Fahrer sieht, wie ich den Kopf schüttle, und feixt vernehmlich. Nee, nach seinem Geschmack sei das auch nicht: eine geflügelte Frau, auf einer

Kugel stehend und einen, ja, was?, Blütenast oder Staubwedel über dem Haupte haltend. Dazu viel Gold, oben am Kapitell und unten am Sockel. Mutter Heimat auf dem Hügel oberhalb des Dnepr, jene 102 Meter hohe Frauenstatue, die an den Sieg über die Hitlerfaschisten erinnert, ist zwar gewaltiger, aber irgendwie schlicht und klar. So verschieden kann Patriotismus daherkommen.

Dann rollen wir auch schon an einem Bankenpalast vorüber, schwer auszumachen, ob er alt oder neu ist: Säulen und Bögen deuten eher auf einen maurischen Tempel denn auf ein modernes Geldhaus. Doch es ist eins, wie ich lautstark vernehme, denn davor stehen etwa hundert aufgebrachte Bürger, die wütend Transparente und die Fäuste schwenken. Der Mann hinterm Lenkrad scheint wenig Verständnis für die Demonstranten zu haben. Selber schuld, sagt er,

»Gegen Korruption im Bankenwesen«: Protest aufgebrachter Kiewer Bürger vor der Nationalbank

sich von den Privatbanken irgendwelche windigen Papiere aufschwatzen zu lassen – und nun wollen sie ihr verlorengegangenes Geld vom Staat zurück.

Schließlich erreichen wir das Ziel, es befindet sich, wie ich beim Blick auf die Karte bemerke, unweit meines Hotels »Salut«, was seinem Namen alle Ehre macht. Nicht nur das Haus aus Sowjettagen ist hoch, es sind auch die Preise. Selbst die Rezeption ist es. Wenn die hübschen Mädchen keinen Dutt trügen, würde man sie hinterm Tresen überhaupt nicht bemerken, woran, wie mir scheint, ihnen durchaus gelegen ist. Manche Haltungen überdauern die Zeiten. Das aber nur am Rande.

Der Wagen hält in der Riznyts'ka 13-15, vor einem gewaltigen Bürogebäude mit einem alten und einem neuen Teil, an welchem noch gebaut wird. Hier sitzt die Instanz, die Recht und Ordnung im Lande her-

Links Außenministerium, rechts Michaelkloster, Kirche von den Klitschkos gespendet. Die Großfürstin Olga und weitere Säulenheilige aus weißem Marmor

stellen soll, oder sagen wir genauer: die für die Durchsetzung der Gesetze sorgt.

Ohne den Mann, der mich an der Wache abholt und über viele Treppen und verwinkelte Gänge, in denen dicke Teppiche jeden Tritt schlucken, in das Zimmer von Dr. Renat Kuzmin führt, hätte ich das Büro des 1. Stellvertretenden Generalstaatsanwalts der Ukraine nie gefunden. Der Mittvierziger mit dem grauen Drei-Tage-Bart schaut ziemlich ernst, er wirkt dadurch älter, seriöser. Kuzmin gilt als Schlüsselfigur im Fall Timoschenko. Der 1991er Absolvent der Ukrainischen Akademie der Rechtswissenschaften, ist, wie es heißt, offiziell zuständig für das Außenministerium sowie für internationale Zusammenarbeit und Rechtshilfe. Ihn steuern darum vorrangig die protestierenden Politiker des Westens an, wenn sie Klage im Fall Timoschenko zu führen wünschen.

Kuzmin, das merke ich gleich, sitzt nicht grundlos auf diesem wichtigen Stuhl: Er argumentiert logisch und überzeugend, mit Geist und Anflügen von Witz, was erklärt, warum er Stammgast in einschlägigen Fernsehsendungen ist. Nicht nur seine ebenso junge wie hübsche Sekretärin, die neben ihm sitzt und jedes Wort von ihm und mir protokolliert, scheint ihn zu bewundern. An der linken Seite des schweren Tisches hat der dickliche Schnauzbart Platz genommen, der mich schweigend durchs Haus geführt hat. Auch er spitzt den Stift, nachdem Kuzmin und ich die Visitenkarten getauscht haben. Von Berlin hatte ich per Fax um das Interview gebeten. Er bewilligt mir eine halbe Stunde, am Ende sollen es zwei werden. Am Vortag waren zwei Europaabgeordnete bei ihm, das

Gespräch war schon nach 15 Minuten vorüber. Es käme darauf an, welche Fragen man ihm stelle, wird Kuzmin grienend beim Abschied an der Tür sagen.

Zurück zum Ausgangspunkt: Kuzmin kennt die Vorhaltungen zur Genüge. Im Vorgriff auf meine erwartete erste Frage, die ich aber nicht auf den Lippen hatte, erklärt er mir, dass die ukrainische Justiz bereits seit anderthalb Jahrzehnten gegen Frau Timoschenko ermittle, praktisch unter allen Präsidenten.

Прокуратура України

ГЕНЕРАЛЬНА ПРОКУРАТУРА УКРАЇНИ

01011, Київ-11, вул. Різницька 13/15   факс: 280-26-03

02.06.12 № 16-35984-11

_____ від _____

Керівнику видавничої групи
«Ойленшпігель»
Франку Шуману
An den Verleger
Frank Schumann

Edition Ost
Neue Grünstraße 17
10179 Berlin
Deutschland

Ваше звернення щодо надання дозволу на відвідування Качанівської ВК № 54 та на побачення із засудженою Тимошенко Ю.В., яка проходить лікування в обласній центральній клінічній лікарні № 5 «Укрзалізниці» у місті Харкові, скеровано Голові Державної пенітенціарної служби України для розгляду.

Про результати розгляду Вас буде повідомлено Державною пенітенціарною службою України.

Начальник управління нагляду
за додержанням законів при виконанні
судових рішень у кримінальних справах
Генеральної прокуратури України   О.Настасяк

Schriftliche Antwort der Generalstaatsanwaltschaft auf meine Bitte um Gespräche in Sachen Timoschenko

Es habe zehn strafrechtliche Ermittlungen gegeben, das erste Mal seien sie und ihr Mann 2001 inhaftiert worden. Jenes Verfahren, welches im Vorjahr zu dem im Westen kritisierten Urteil führte, gehe auf den Gasvertrag mit Russland von 2009 zurück. Seinerzeit habe Präsident Wiktor Juschtschenko auf einer außerordentlichen Sitzung des Nationalen Sicherheitsrates die Justiz aufgefordert, das Zustandekommen und die Folgen des Vertrages zu untersuchen. Die Ermittlungen seien aber erst abgeschlossen worden, als bereits Wiktor Janukowitsch, der aktuelle Präsident, im Amt war. Mithin: Es sei eine Mär, Frau Timoschenko sei aus politischen Gründen von ihren Gegnern kriminalisiert worden.

Zu Timoschenkos politischen Opfern, das aber sagt Kuzmin nicht, gehört er selbst. 2003 hatte man ihn zum Leiter der Staatsanwaltschaft in Kiew beru-

Renat Kuzmin, 1. Stellvertretender Generalstaatsanwalt der Ukraine, und seine Sekretärin

fen; nach der sogenannten Orangenen oder Orangen Revolution – über die Schreibweise ist man sich uneins –, die Timoschenko zur Ministerpräsidentin machte, wurde er degradiert: Timoschenkos Innenminister Luzenko und andere warfen Kuzmin vor, zu nachsichtig gegenüber Korruption und Machtmissbrauch zu sein. Das Gegenteil jedoch war der Fall: Kuzmin schien bestimmten Personen zu unnachsichtig, darum musste er weg. Ende 2010 ernannte ihn Generalstaatsanwalt Viktor Pshonka, der die neuen Anti-Korruptionsgesetze auf den Weg brachte, zu seinem 1. Stellvertreter. Kuzmin stammt aus Donezk, Pshonka war dort Staatsanwalt und Janukowitsch einst Gouverneur. Das aber besagt gar nichts.

Vielleicht an dieser Stelle ein kleiner Exkurs zu jenen Protesten, bei denen orangefarbene Tücher und T-Shirts die Bilder bestimmten.

Bei den Präsidentenwahlen am 31. Oktober 2004 gab es ein Kopf-an-Kopf-Rennen zwischen dem Oppositionsführer Juschtschenko – Parteifarbe Orange – und dem amtierenden Ministerpräsidenten Janukowitsch. Beide kamen auf knapp 40 Prozent, die anderen Kandidaten spielten keine Rolle. Juschtschenko hatte sich der Unterstützung des Timoschenko-Lagers versichert und versprochen, die Frontfrau im Falle seines Wahlsieges zur Ministerpräsidentin zu machen.

Die erste Stichwahl sah Janukowitsch vorn, was aber – wie der Unterlegene behauptete – nicht Wählerwille, sondern Wahlfälschung gewesen sein soll. Daraufhin protestierten wochenlang in Kiew unter der Farbe Orange Anhänger von Juschtschenko – begleitet von der Sympathie der Politiker und der

Medien in Westeuropa – und erzwangen eine zweite Stichwahl, die am 26. Dezember 2004 den Kandidaten des Oppositionsblocks »Unsere Ukraine« vorn sah.

Am 23. Januar 2005 zog Juschtschenko in den Präsidentenpalast ein, US-Senatorin Hillary Clinton schlug ihn umgehend zum Friedensnobelpreis vor.

Fünf Jahre später wurde Wiktor Juschtschenko sang- und klanglos abgewählt, bei den Präsidentenwahlen am 17. Januar 2010 kam er gerade mal auf 5,4 Prozent der abgegebenen Stimmen. Dafür gab es viele Gründe, eine Ursache waren gewiss seine vehementen Bemühungen, die Ukraine in die NATO zu führen. Er hatte sich mit Präsident Saakaschwili solidarisiert, der Georgien gleichfalls zum Mitglied des Nordatlantikpaktes hatte machen wollen, und diesen im Wahlkampf unterstützt. Als Georgien im Sommer 2008 Krieg gegen Russland sowie die abtrünnigen Provinzen Südossetien und Abchasien führte, schickte Juschtschenko sogar Soldaten nach Vaziani, östlich von Tiflis gelegen, wo sie an einem Manöver mit US-Militärs und Truppen aus Georgien, Armenien und Aserbaidshan teilnahmen. Dieses Engagement sah die Mehrheit der Ukrainer kritisch und ihrem Präsidenten Juschtschenko nicht nach. 2010 erhielt er dafür die Quittung.

Der Kiewer Schriftsteller Andrej Kurkow, Jahrgang 1961, brach in einem Interview mit der *Süddeutschen Zeitung* am 24. November 2009 ebenfalls den Stab über Juschtschenko. Dieser habe zwar »dafür gesorgt, dass Amerikaner und Europäer ohne Visum einreisen können, aber ansonsten hat er sich mehr mit der Vergangenheit beschäftigt als mit der Zukunft des Landes. Die russischsprachige Bevölkerung hat ihn nie akzeptiert, aber er hat auch die Unterstützung in der West- und Zentralukraine verloren, weil er die Korruption trotz seiner Versprechen nicht bekämpft hatte. Stattdessen nimmt die Bestechlichkeit zu. Nicht mal seine Anhänger verstehen, was er macht.«

Und mit Blick auf NATO und EU sagte Kurkow, der eine Zeitlang in London gelebt hatte und seit 1988 dem dortigen PEN-Club angehört: »Die Leute aus dem Westen kamen und sagten uns, was wir tun müssen, um dazuzugehören. Aber schnell waren sie verschwunden, und seit George W. Bush nicht mehr

Als Georgien in die NATO wollte und Krieg gegen Russland führte, im Sommer 2008, schickte Präsident Wiktor Juschtschenko ukrainische Soldaten zu einem multinationalen Militärmanöver mit Beteiligung der USA östlich von Tiflis

Präsident ist, ändern sich auch die Beziehungen zu den USA. Und keiner hat geglaubt, dass die Europäische Union uns bald als Mitglied akzeptieren würde.«

Dieses Zeitungsgespräch fand vor den Präsidentenwahlen statt, weshalb der Mann aus Kiew auch nach den Aussichten von Timoschenko und Janukowitsch gefragt wurde, die Kurkow beide in der Stichwahl sah, denn Juschtschenko gab er nicht den Hauch einer Chance. »Die Geschäftsleute unterstützen Janukowitsch mit dem Argument, dass er die Regeln einhalten werde, die er einführt. Bei Timoschenko wäre das anders, denn sie ist eine Opportunistin und ändert die Regeln jeden Tag.«

Nun könnte man dem Literaten widersprechen, dass es zwischen dem Wechsel im Weißen Haus und der wachsenden Distanzierung des Westens von der Ukraine keinen kausalen Zusammenhang gab; es lag wohl eher an der ernüchternden Erkenntnis in Washington und Brüssel, dass die Ukraine noch »nicht reif« sei für die NATO, und das auf unabsehbare Zeit. Man kann Kurkows Aussage über die Teilnehmer der »Orangenen Revolution« ebenfalls bestreiten oder teilen: »Die junge Generation war damals sehr romantisch und naiv zugleich. Heute sind die jungen Erwachsenen viel zynischer und machen nun als Unternehmer Karriere.«

Egal, denn eines gilt inzwischen als bewiesen: Die Strippenzieher jener »Protestbewegung« Ende 2004 waren weder romantisch noch naiv. Sie haben Namen und Gesichter. Eine Adresse heißt *Otpor!*, zu deutsch »Widerstand«. In der Internetenzyklopädie Wikipedia steht unter *Otpor!*: »Eine serbische Organisation, seit 2000 auch Partei, die bei politischen Umwälzungen in Osteuropa und der Kaukasusregion (Ukraine, Georgien) aktive Unterstützung von Oppositionsparteien und -gruppen leistete.« In der Ukraine firmierte sie unter dem Namen *Pora!* (»Es ist Zeit«), in Belorussland als *Subr* (»Wisent«), wo man 2006 unter der Farbe Blau antrat, um die Wahl anzufechten.

Bei der ideologischen Grundierung von *Otpor!* o. ä. verweist man auf Gene Sharp. Der US-Professor lieferte mit seinem 1973 erschienenen Buch »The Politics of Nonviolent Action« die Handlungsanweisungen zum Sturz von im Westen nicht gewünschten Regimes. Das Buch erschien in vielen Sprachen und tauchte (und taucht) überall dort auf, wo es brodelt: Ende der 80er Jahre in Osteuropa, DDR inklusive – da übergab es Petra Kelly Gerd Poppe, von dort kam es Anfang 1989 nach Leipzig –, in Serbien, in Georgien, in Kirgistan, in Belorussland, in Ägypten und in der arabischen Welt …

Der Schweizer *Tages Anzeiger* überschrieb ein Porträt Gene Sharps am 17. Februar 2011 mit »Wie man einen Diktator stürzt: Eine Anleitung auf 93 Seiten«. Unterzeile: »Steht zuoberst auf der Bestsellerliste der Dissidenten.«

Der Bostoner Professor, inzwischen jenseits der 80, hatte seine Dissidenten-Bibel noch einmal konkretisiert und »verschlankt«, sie heißt nunmehr »From Dictatorship to Democracy« und wurde laut *New York Times* bereits in 24 Sprachen übersetzt. Organisationen wie *Otpor!*, so die Schweizer Tageszeitung, halten Workshops ab, in denen Sharps »198 Methoden gewaltfreier Aktion« unterrichtet werden – beginnend bei Hungerstreiks und nicht endend bei Spaßaktionen, mit denen ein Regime dem weltweiten Gespött ausgesetzt wird. Dazu heißt es auf *http://de.wikipedia.org/wiki/Otpor!*:

»Die grundlegende Idee von Otpor! besteht darin, in einem Land, dessen politische Führung mit aus westlicher Regierungssicht autoritären oder diktatorischen Mitteln regiert, durch gut organisierte friedliche Revolutionen freie Wahlen zu ermöglichen und so demokratisch legitimierte Regierungen zu installieren. Dabei wird besonders auf teilweise verdeckte und auch offene finanzielle Unterstützung durch westliche Organisationen staatlichen und privaten Charakters gesetzt. Hierbei lassen sich folgende Phasen erkennen:

- Gründung und Unterstützung von Organisationen im Land, es folgen medial spektakuläre ›Widerstandsaktionen‹, über die im westlichen Ausland berichtet wird.
- Schaffung von Symbolen mit Wiedererkennungswert: Hier seien die Rosen in Georgien und die Farbe Orange in der Ukraine genannt.
- Infragestellen eines fairen Wahlverlaufs: Es wird eine Behinderung der Opposition im Wahlkampf grundsätzlich unterstellt und auf diese hingewiesen. Gleichzeitig wird auf dieser Grundlage über mögliche und wirkliche Manipulationen im Vorlauf der Wahl – z. B. einseitige Besetzung der Wahlkommission mit regierungstreuen Beamten oder ausschließliche Medienpräsenz des Regierungskandidaten – berichtet und im westlichen Ausland in dieser Deutungshoheit sensibilisiert.

Zu diesem Zeitpunkt erfolgt eine Ausweitung der medialen Berichterstattung im Ausland mit einem einseitigen Schwerpunkt auf den Behinderungen der Opposition und einer negativen Bewertung der jeweiligen Regierungen.

- Friedliche Proteste ab dem Wahlabend starten die entscheidende Phase. Hier werden die Bürgerproteste der Opposition in medial wirksamer Form als Demonstrationen und Kundgebungen organisiert.
- Neuwahlen: Je nach Rückhalt der Bewegung in der Bevölkerung, dem wirtschaftlichen Zustand des Landes und dem politischen Druck aus dem Ausland führen die Proteste nach den Wahlen im günstigsten Fall zu Neuwahlen, bei denen die frühere Opposition die Regierung übernimmt.«

Soweit die demokratisch erarbeitete und damit wohl objektive Internetplattform Wikipedia, frei jeglichen Verdachts einer Parteinahme.

Die geballte Faust, das Symbol von *Otpor!*, war in der Ukraine präsent, und sie ist noch nicht verschwunden. Aber was man 2004 nicht wusste, steht heute ebenfalls im Internet: Wer nämlich die Geldgeber und Protegés von *Otpor!* sind, wer also die Übersetzungen, die Workshops, die Medienkampagnen etc. bezahlt. »Die Finanzierung von *Otpor!* erfolgt über ein Geflecht von westlichen Organisationen«, heißt es bei Wikipedia. Namentlich genannt werden dort:

- *National Endowment for Democracy* (NED), eine 1983 ins Leben gerufene und vom US-Außenministerium mit 80 Millionen Dollar jährlich unterstützte Institution,

- *National Democratic Institute* (NDI), eine 1984 gegründete Stiftung der Demokratischen Partei, Vorsitzende ist die Ex-Außenministerin Madeleine Albright,
- *International Republican Institute* (IRI), eine Stiftung der Republikanischen Partei, 1983 gegründet, welche seit Juni 1997 Otpor! aktiv unterstützt.
- *Open Society Institute International Renaissance Foundation*, jene vom US-Multimilliardär George Soros ausgehaltene Einrichtung, die die bedeutendste Geldquelle »oppositioneller Bewegungen« im Ausland darstellt. Soros hatte öffentlich als selbstgestellten Auftrag erklärt, die »Zivilgesellschaft und alle demokratischen Ansätze in den ehemaligen Sowjetrepubliken zu unterstützen«.
- *Committee on the Present Danger* (CPD), hervorgegangen aus der *Foundation for the Defense of Democracies*, einer Einrichtungen zur Finanzierung, Vorbereitung und Lenkung von Umsturzaktionen im früheren sowjetischen Machtbereich und in anderen Regionen der Welt. Vorsitzender des CPD ist der frühere CIA-Direktor James Woolsey, Co-Vorsitzende waren (bzw. sind es noch) Vaclav Havel, der ehemalige spanische Regierungschef José Maria Aznar und Ex-Außenminister George Shultz.
- Und last but not least das bereits seit 1941 bestehende *Freedom House*, das heute ebenfalls von Ex-CIA-Chef James Woolsey geführt wird. 80 Prozent des Etats der vermeintlichen Nicht-

regierungsorganisation kommt von der US-Regierung, der Rest von Soros. *Freedom House* setzte sich in den 40er Jahren u. a. für die Gründung der NATO ein, protegierte in den 80er Jahren die Solidarnosc-Bewegung in Polen und war nachweislich in die Unruhen in Serbien, in der Ukraine und Kirgistan involviert. *Freedom House* und *National Endowment for Democracy* gelten als verlängerter Arm des US-Geheimdienstes CIA. Verschiedene Quellen, darunter *www.spiegelfechter.com,* behaupten ganz konkret, »dass über Freedom House der prowestliche ukrainische Präsidentschaftskandidat Juschtschenko massiv finanziell und organisatorisch unterstützt wurde«. Kuzmins Sekretärin wird sich einer Unterlassungssünde bewusst. Ihr fällt der Stift aus der Hand und der Satz aus dem hübschen Mund, ob ich etwas trinken möchte.

Woda, sage ich, worauf die Gegenfrage kommt, ob mit oder ohne Gas. Als ich sage »Stilles Wasser«, erkundigt sie sich nicht, was damit gemeint sei: Sie weiß es. Kuzmin will auch nur ein Wasser.

Ich repetiere: Janukowitsch setzte sich 2010 bei der Stichwahl mit 48,8 Prozent gegen Timoschenko durch, die als Ministerpräsidentin ins Rennen gegangen war. Dem gelernten Autoschlosser und Mechaniker, der aus einfachen Verhältnissen stammt, wurde bereits im Wahlkampf, nun aber erst recht vorgehalten, dass er mit 17 wegen Diebstahls und mit 19 wegen Körperverletzung verurteilt worden war. Doch die Gerichtsakten von 1967 und 1970 wurden nicht aufgefunden, und die Opposition bezweifelt die Echtheit der Unterlagen aus dem Jahr 1978, welche Janukowitsch rehabilitieren: Er sei für Delikte verurteilt worden, an denen er nicht beteiligt war, besagen diese.

Von 2002 bis 2005 war Janukowitsch Ministerpräsident und vermutlich einer der wenigen Parlamentarier, die nicht zu den Dollarmillionären zählten. Dem Vernehmen nach sollen mindestens 400 der 450 Abgeordneten der Werchowna Rada siebenstellige Beträge auf ihren Devisenkonten haben.

Und nun, im Februar 2010, wurde also dieser Janukowitsch als vierter Präsident der Ukraine vereidigt – ins Amt gewählt mit dem Versprechen, dass die Ukraine blockfrei bleiben und sich weiterhin als Brücke zwischen Russland und der EU verstehen werde. Mit dieser unmissverständlichen Absage eines Beitritts in die NATO hatte aber das Ansinnen einer Integration in die Europäische Union kaum eine Chance auf Realisierung. »Die Beziehungen der Ukraine zur EU sind seit 2011 durch den Strafprozess gegen Julija Timoschenko zunehmend belastet«, hieß es dazu in der *Frankfurter Rundschau* am 6. September 2011. »Janukowitsch wurde in diesem Zusammenhang wiederholt vorgeworfen, direkten Einfluss auf die ukrainische Justiz auszuüben und seine stärkste politische Gegnerin mit Hilfe dieses Strafverfahrens ausschalten zu wollen. Janukowitsch erklärte hingegen, die Justiz der Ukraine sei unabhängig, und er wolle nicht in den Prozess gegen Timoschenko eingreifen.«

Bundeskanzlerin Merkel nannte in der Regierungserklärung am 10. Mai 2012 die Ukraine eine »Diktatur«, worauf die EU ein Assoziierungsabkommen mit

Bezahlter Protest vor dem Parlament in Kiew

Kiew auf Eis legte. Darüber wolle man erst nach den Wahlen im Oktober entscheiden, hieß es aus Brüssel. Die Tageszeitung *Die Welt* zitierte am 14. Mai die EU-Außenbeauftragte Catherine Ashton mit der Forderung, »die Ukraine müsse vor allem die Unabhängigkeit der Justiz und die Rechtsstaatlichkeit garantieren. ›Wir können nicht vorankommen, wenn die Ukraine nicht diese grundlegenden Werte respektiert.‹«

»Also«, sage ich, »Herr Kuzmin, wer ruft bei Ihnen an, wer schreibt Ihnen vor, ob und gegen wen Sie ermitteln sollen?«

Der 1. Stellvertreter des Generalstaatsanwalts zieht den linken Mundwinkel nach oben, er scheint gleichermaßen amüsiert wie irritiert. Darf er mir sagen, was er aktuell auf dem Tisch hat? Andererseits, ein Verfahren kann ja erst schweben, wenn es eröffnet ist.

Also redet er erst einmal über die bereits gelaufenen Verfahren.

Seit Mai 2010 ermittelte die Staatsanwaltschaft wegen des Verdachts, Timoschenko habe 2003 versucht, Richter des Obersten Gerichtshofes zu bestechen. Später wurde ein zweites Verfahren eröffnet, nachdem Anwaltskanzleien in den USA – beauftragt vom ukrainischen Ministerpräsidenten Asarow, der Unregelmäßigkeiten in der Dienstführung seiner Vorgängerin auf den Grund gehen ließ – festgestellt hatten, dass von Timoschenko zwischen 2008 und 2010 etwa eine halbe Milliarde Dollar veruntreut worden war.

»Die Untersuchung von Regierungsunterlagen ergab Hinweise auf den Missbrauch öffentlicher Gelder, Betrug und Geldwäsche durch Beamte der früheren ukrainischen Regierung, mehrerer Ministerien und privater Unternehmen‹, erklärten Vertreter dreier amerikanischer Anwaltsfirmen, die in Kiew am Donnerstag ihren Bericht vorstellten«, schrieb am 16. Oktober 2010 die *Financial Times Deutschland*. »Zu den konkreten Vorwürfen gegen die frühere Regierung gehört etwa, dass sie 320 Millionen Euro, die das Land für Emissionshandelszahlungen von Japan bekommen hat, nicht wie vorgeschrieben in den Umweltschutz gesteckt hat. Ein Teil des Geldes floss laut Bericht in den chronisch klammen Pensionsfond, ein anderer Teil sei auf Konten im Ausland geparkt worden«, berichtete das Blatt weiter. »Dem Gesundheitsministerium wird die Veruntreuung von insgesamt 101 Millionen Euro vorgeworfen. ›Die Finanzierung und Beschaffung von 1.000 Fahrzeugen (*es handelte sich um eine Flotte von Opel Combo*

– *F. S.*), Medikamenten und medizinischer Ausrüstung sind ausschließlich zur Unterstützung der Wahlkampagne des Präsidentschaftswahlkampfes von Frau Timoschenko erfolgt‹, sagte Tommy Helsby von der Kanzlei Kroll.

Außerdem soll es Unregelmäßigkeiten beim Kauf von Zucker gegeben haben. Das Landwirtschaftsministerium habe dem Staatskonzern Goskomrezerv rund 174 Mio. Euro für die Einlagerung von 22.150 Tonnen Zucker überwiesen. Eingelagert wurden aber nur 5.000 Tonnen.«

In der Folge wurden drei von Timoschenkos früheren Vertrauten verhaftet: der ehemalige Leiter der Zollbehörde, der Ex-Vizechef des Energiekonzerns Naftogaz und der einstige Vizeminister für Verteidigung. Der frühere Wirtschaftsminister Bogdan Danilischin setzte sich nach Tschechien ab und bekam – obgleich seit Ende August mit internationalem Haftbefehl durch Interpol gesucht – von diesem EU-Mitgliedsland *politisches* Asyl gewährt. Die Ukraine wehrte sich, indem sie zwei tschechische Diplomaten als Spione des Landes verwies. Oleksandr Timoschenko genießt seit Januar 2012 ebenfalls Asyl in der Tschechischen Republik.

Die Staatsanwaltschaft habe nach gewissenhafter Prüfung aller Fakten am 20. Dezember 2010 Anklage gegen die Ex-Premierministerin wegen Veruntreuung in den genannten Fällen erhoben. Sie räumte zwar ein, Gelder »umgeschichtet« zu haben, das aber sei nicht gesetzwidrig gewesen, weshalb die Vorwürfe absurd seien. »Das ist die Art, wie der Präsident der Ukraine die wichtigste Konkurrentin loswerden will«, ließ sie auf ihrer Internetseite verbreiten und sprach vom »fortgesetzten Terror der Staatsanwaltschaft gegen die Opposition«.

Kuzmin sagt süffisant, sein »fortgesetzer Terror« habe darin bestanden, dass er Timoschenko zunächst untersagt habe, Kiew zu verlassen.

Renat Kuzmin: Hier ruft kein Politiker an

Am 24. Mai 2011 erhob die Staatsanwaltschaft zudem Anklage wegen Amtsmissbrauchs. Der Vorwurf: Die Ministerpräsidentin schloss im Januar 2009 einen Zehn-Jahres-Vertrag mit Russland zu überhöhten Preisen, welcher nach Überzeugung der Ermittler die Ukraine 3,5 Milliarden Grywna, umgerechnet 310 Millionen Euro, gekostet habe. Dieses Gasabkommen sei eigenmächtig und ohne Zustimmung des Kabinetts geschlossen worden, also Amtsmissbrauch und Korruption.

Daraufhin hatte sich Julija Timoschenko Ende Juni 2011 beim Europäischen Gerichtshof für Menschenrechte beschwert.

Der Prozess – gewiss nicht ohne Absicht in einen kleinen Gerichtssaal des Stadtgerichts in einen Hinterhof am Kretschatik verlegt – begann am 24. Juni mit Tumulten vor und im Gebäude. Timoschenko zeigte dem Richter nur die kalte Schulter, der ließ sie – nachdem das Gericht einen entsprechenden Antrag der Staatsanwaltschaft wiederholt abgelehnt hatte – nach mehreren Störversuchen Timoschenkos in U-Haft nehmen. Am 5. August 2011 wurde sie also in Lukjanowo arretiert.

Naja, werfe ich ein, warum musste man ihr denn auch einen so jungen Richter vor die Nase setzen.

Also nicht wir setzen jemanden vor die Nase, sagt Kuzmin, das macht der Computer. Das Auswahlverfahren der Richter ist weitgehend automatisiert, in diesem Falle traf es den 31-jährigen Rodion Kirejew. Timoschenko würdigte ihn während des ganzen Verfahrens keines Blickes und nannte ihn »Marionette«.

Aber, wirft Kuzmin ein und zieht die Stirn kraus: »Hätte an Kirejews Stelle ein älterer Richter gesessen, hätte es geheißen, dass sei ein Altkommunist oder so etwas Ähnliches. Jeder Richter wäre der Ablehnung verfallen, bei Frau Timoschenko wie auch im Westen. Jeder.«

Ich vermute, da hat Kuzmin nicht Unrecht.

Am 10. Oktober sprach Kirejew Timoschenko schuldig, ihre Amtsbefugnisse überschritten zu haben, der Staatsanwalt hatte sieben Jahre gefordert, die Verteidigung Freispruch. Sie nannte das Verfahren einen »Schauprozess«, Timoschenko bezeichnete es als einen »inszenierten Rachefeldzug von Janukowitsch«.

Das Gericht folgte dem Antrag der Staatsanwaltschaft, forderte 137 Millionen Euro Schadenersatz

Zugang zum Stadtgericht beim Prozessauftakt, Handgemenge zwischen Polizei und Protestierern

und fügte der Haftstrafe die Anordnung hinzu, dass Timoschenko nach der Haft drei Jahre lang kein öffentliches Amt ausüben dürfe.

Die Verteidigung ging sofort in Berufung, das Revisionsverfahren, ich werde es wissen, sollte schon längst begonnen haben, merkt Kuzmin mit leiser Stimme an, aber Frau Timoschenko ist ja nicht transportfähig.

Ich nicke.

»Sie kennen die offiziellen Stellungnahmen aus Deutschland?« Kuzmin nennt als Erstes die Erklärung des Außenministers Westerwelle vom 11. Oktober 2011: »Das heutige Urteil gegen die ehemalige Ministerpräsidentin Julia Timoschenko ist ein Rückschlag für die Ukraine. Es wirft leider ein sehr negatives

Eingang zum Kiewer Stadtgericht, in welchem im Sommer 2011 gegen Timoschenko verhandelt wurde

Schlaglicht auf die Rechtsstaatlichkeit in der Ukraine. Dieser Befund kann nicht ohne Folgen für unsere und die EU-Beziehungen mit der Ukraine bleiben.

Wir werden nun sehr aufmerksam beobachten, wie in Kiew mit dem Fall Timoschenko und denen anderer ehemaliger Regierungsmitglieder umgegangen wird. Wir erwarten von der politischen Führung in der Ukraine ein Bekenntnis zu Demokratie und Rechtsstaat.«

Soweit Westerwelles Ultimatum.

Der auf den 18. Oktober terminierte Besuch von Präsident Janukowitschs in Brüssel, bei dem letzte Details für ein weitreichendes Freihandelsabkommen der EU mit der Ukraine vereinbart werden sollten, wurde kurzfristig abgesagt. In einem Gespräch mit der *New York Times* verbat sich Janukowitsch jede Einmischung von außen, die Ukraine sei ein souveränes Land. »Die Justiz ist unabhängig und trifft ihre Entscheidungen alleine.«

Und deshalb leitete die Staatsanwaltschaft, davon ungerührt, gleich nach diesem Prozess ein weiteres Ermittlungsverfahren gegen Timoschenko ein. Es geht um 295 Millionen Euro, die sie zwischen 1995 und 1997 als Chefin des Energiekonzerns EESU veruntreut, heißt: auf die Seite geschafft haben soll. Gemeinsam mit dem damaligen Ministerpräsidenten Lasarenko – der dafür in den USA verurteilt wurde und dort einsitzt – soll sie den genannten Betrag nicht zum Begleichen der Verbindlichkeiten in Russland genommen, sondern auf private Konten transferiert haben.

Es geht das Gerücht, beides – die Unterschlagung von 1995ff. und der Vertrag von 2009 – hätte miteinander zu tun, sage ich, die Russen hätten sie beim Abschluss des Gasvertrages 2009 damit unter Druck gesetzt. Es soll ein mehrstündiges Gespräch unter vier Augen mit Putin gegeben haben, heißt es, danach sei der für die Ukraine sehr ungünstige Vertrag unterzeichnet worden ...

Kuzmin dreht die Handflächen nach oben.

Ich verstehe.

Man plane, wie zu lesen ist, noch ein weiteres Verfahren gegen Timoschenko, sage ich, und lasse den Namen Jewgenij Scherban fallen. »Sie selbst haben dies noch im Oktober 2011 gegenüber der privaten Nachrichtenagentur UNIAN in Kiew, die auch die *Deutsche Welle* bedient, erklärt.«

»Um präzise zu sein«, korrigiert mich Kuzmin sanft, »ich habe lediglich gesagt, dass die Staatsanwaltschaft prüfe, ob Frau Timoschenko bei einem Auftragsmord an dem Parlamentarier Jewgenij Scherban eine Rolle gespielt habe.«

Ende 1996 waren auf dem Flugplatz von Donezk vier Menschen erschossen worden, darunter eben jener Scherban und dessen Frau. Es wurde eine elfköpfige Bande ermittelt. Fünf ihrer Mitglieder kamen bald um, zwei Täter wurden in Russland dingfest gemacht und verurteilt, vier sind noch immer »auf der Flucht«. Kuzmin redet unaufgeregt und mit leiser Stimme. Die Sätze sind kurz und klar, nicht so weitschweifig wie gemeinhin bei den Vertretern seiner Zunft. Und selbst dann, wenn er explizit betont, Jurist und nicht Politiker zu sein, sind seine Ausführungen durch und durch politisch. In jener Zeit, sagt er, seien Kutschma Präsident und Lasarenko Premierminister gewesen, und auch der Generalstaatsanwalt Borsinow als Dritter im Bunde stammte wie jene beiden aus Dnipropetrowsk. Und natürlich auch Julija Timoschenko, die 1995 Chefin des Energiekonzerns EESU wurde.

Das ganze Netzwerk verdiente prächtig daran, Erdgas aus Russland billig einzukaufen und dreimal so teuer im Lande zu verhökern: mittels Zwischenhändlern auf Zypern und Großbritannien – Firmen, die zu großen Teilen Frau Timoschenko gehörten, wie die späteren Ermittlungen ergaben. Zu den Hauptabnehmern zählten Konzerne im Osten der Ukraine, die sich aber weigerten, statt der üblichen 25 Dollar die nunmehr geforderten 83 für die Einheit zu zahlen. Die »Donezker« verbündeten sich gegen Timoschenko und Lasarenko, den Widerstand führten die Unternehmer Momot, Schwedschenko und Scherban, der im Parlament die stärkste Fraktion leitete.

Natürlich, das wolle er, Kuzmin, nicht in Abrede stellen, handelte es sich dabei auch um einen Kampf um die Neuverteilung des Gasmarktes und -netzes, da wären sich die Oligarchen gegenseitig an die Kehle gegangen, wobei der Begriff »Oligarch« nie fällt, sondern Umschreibungen bevorzugt werden. Momot, Schwedschenko und Scherban aus Donezk wurden ermordet, der Konkurrenz- und Machtkampf war damit entschieden: Die eingeschüchterten Unternehmer in der Ostukraine und anderswo bezahlten fortan die von der EESU geforderten Preise. Bis Lasarenko 1997 als Premier von Präsident Kutschma amtsenthoben wurde, weil er es zu dreist getrieben hatte.

Lasarenko und sein Clan verzogen sich nach Kalifornien, wo der Mittvierziger das Anwesen des Schauspielers Eddie Murphie erworben hatte: Die 6,75 Millionen Dollar für die 41-Zimmer-Villa, die zwei

Renat Kuzmin, der Chefankläger

Hubschrauberlandeplätze und fünf Hundezwinger sowie die sieben Hektar Land zahlte Pawlo Lasarenko in bar. 2004 sprach ihn ein US-Gericht der Geldwäsche für schuldig und verurteilte ihn zu neun Jahren Haft. Der Vorwurf der Unterschlagung und Veruntreuung, weshalb die Ukraine (und auch die Schweiz) seine Auslieferung gefordert hatte, kam hingegen nicht zur Anklage. Es sei in der zerfallenden Sowjetunion ukrainischen Politikern nicht verboten gewesen, öffentliches Vermögen für Privatzwecke beiseite zu schaffen, hieß es zur Begründung.

1995, als Lasarenko Ministerpräsident wurde, war die Sowjetunion schon lange zerfallen.

Aber mich interessiert weniger Lasarenko, mit dem die USA-Justiz – ganz gewiss ungewollt – einen erstaunlichen Präzedenzfall geschaffen hat, der natürlich Fragen aufwirft: Sie verurteilte für das gleiche Delikt, wofür Timoschenko sieben Jahre erhielt, den Täter zu neun Jahren. Diese neun Jahre gelten als rechtsstaatlich, die sieben in der Ukraine als diktatorisch …

Ob es denn wirklich Belege gebe, dass die nachmalige Ministerpräsidentin Timoschenko in den 90er Jahren nicht nur Nutznießerin dieser windigen Gasgeschäfte, sondern auch an den Morden beteiligt gewesen wäre, will ich wissen.

»Wir haben ausreichend Hinweise, die ihr Interesse an einer Beseitigung Scherbans belegen.«

Ich hole tief Luft: Interesse sei kein Beweis.

Kuzmin winkt ab. »Es gibt die Belege für Geldüberweisungen von Konten, die sie kontrollierte, und wir haben Zeugenaussagen, die sie als Organisator und Finanzier der Morde benennen.«

Ein Zeuge heiße vermutlich Wadim Bolotskich, eines der verurteilten Bandenmitglieder, frage ich. »Genau«, sagt Kuzmin, »einer aus dieser Bande, die für Lasarenko und Timoschenko arbeitete. Die Ermittlungen ergaben, dass die Gruppe an 25 Morden und Mordaufträgen beteiligt war.«

»Und in alle soll Timoschenko involviert sein?«

»Ich sagte, dass im Mordfall Scherban genug Gründe vorliegen, um Anklage gegen Frau Timoschenko zu erheben«, lautet die sibyllinische Auskunft. Frau Timoschenko habe sich mit Mitgliedern der Bande getroffen und freundschaftliche Kontakte zum Anführer Kuschnir unterhalten, legt Kuzmin nach. Konkretes werde man in der Anklageschrift lesen.

Da der Stellvertretende Generalstaatsanwalt erkennbar kein Paragrafenreiter ist, was ich einigen Nebensätzen und süffisanten Kommentierungen entnehme, erkundige ich mich nach den Amerikanern. Diese halten sich bislang – im Unterschied zu westeuropäischen Politikern – auffallend zurück, was wohl kaum der geografischen Ferne zuzuschreiben ist. In Georgien hatten sie sich auch engagiert, als Saakaschwili das Land in die NATO führen wollte. Keine ehemalige Sowjetrepublik, die man nicht mit Geld und Geheimdiensten für sich gewinnen wollte.

Kuzmins Augen verengen sich erneut zu einem Schlitz, er wird einsilbig. Sie hätten Aussagen von einem Mitarbeiter des hiesigen Nachrichtendienstes SBU (Sluschba Bespeky Ukrajiny), der sich mit Kollegen von US-Geheimdiensten ausgetauscht habe. So habe man erfahren, dass im Lasarenko-Prozess in den

USA auch dessen Verbindung zur Kuschnir-Bande zur Sprache gekommen sei.

Pause.

Ruslan Scherban, der Sohn des Mordopfers, habe sich an den US-Botschafter John F. Tefft mit der Bitte gewandt, ihm bei der Suche nach den Mördern seiner Eltern behilflich zu sein. Tefft – seit 2009 Botschafter in Kiew, zuvor war er als Diplomat in Moskau, Vilnius/Litauen und Tiflis/Georgien tätig – hatte daraufhin erklärt, dass die Prüfung der Dokumente im Fall Lasarenko keine Beweise für eine Beteiligung Timoschenkos an den Morden geliefert hätten.

»Dass der Botschafter nichts weiß, heißt ja nicht, dass nichts bei den Geheimdiensten der USA und der

Eher mäßiges Interesse an der Bildergalerie im Julija-Protestcamp vorm Stadtgericht am Kretschatik. Rechts unten: Merkel und Timoschenko

Ukraine läge«, schlussfolgert Kuzmin. Darum habe Generalstaatsanwalt Pshonka im Frühjahr 2012 offiziell Tefft ersucht, den Fall zu prüfen und jene relevanten Dokumente herauszugeben, die es nachweislich in den USA gibt. – Und was sagt der Mann vom SBU zum Inhalt der Papiere?

»Er hat ausgesagt, wie die Verbrechen begangen wurden, wie Lasarenko und Timoschenko auf die Vertreter der Donezk-Region Druck ausgeübt haben und wem er Belege über diese Verbrechen auf dem Territorium der Ukraine übergeben hat.«

Wann und wo?

»Das war 2005 in den USA.«

Und wem? Der CIA?

Kuzmin sieht mich an. Sein Gesicht ist eine Maske, die nichts verrät.

Ob sie was aus den USA bekommen hätten?

Die Antwort ist einsilbig. »Njet.«

Kuzmin nippt am Wasserglas.

Ich wechsle das Thema. Sein Name stehe auf einer sogenannten Schwarzen Liste, welche die – natürlich von Timoschenko geführte – Opposition in Westeuropa und in den USA verbreitet. Darauf aufgeführt seien die »Feinde der Demokratie« in der Ukraine. Was er davon halte?

»Nichts«, sagt Kuzmin, das sei nur Futter für die Presse. Ein Feind der Demokratie befinde sich derzeit in der neunten Etage des Eisenbahnerkrankenhauses in Charkiw. »Timoschenko ist eine Verbrecherin. Diese Tatsache unterliegt keinem Zweifel.«

»Nun hat aber jeder Strafprozess gegen einen Politiker zwangsläufig eine politische Dimension«, werfe

Die Zentrale des SBU, vormals KGB, in Kiew

ich ein, »denn er wird ja nicht als Berufskrimineller, sondern als Politiker verurteilt, weshalb es leicht ist, von politischer Repression zu sprechen.«

Vor dem Gesetz seien zwar alle gleich, aber die, die die Gesetze machen, möchten doch nicht wie jedermann behandelt werden, ergänzt Kuzmin lächelnd. Der Rechtsstaat habe zwar im ersten Verfahren juristisch gesiegt, aber politisch scheint noch immer Timoschenko zu gewinnen. Da sei sie zweifellos erfolgreicher als etwa Mosche Katzav. Er, Kuzmin, könne sich jedenfalls nicht erinnern, dass westeuropäische Politiker mit gleicher Leidenschaft protestiert hätten, als der israelische Staatspräsident zu sieben Jahren Haft verurteilt wurde, nachdem er wegen Vergewaltigung und sexueller Übergriffe im Amt schuldig gesprochen worden war. Ihm sei auch kein Protest von Frau Merkel gegen die geheimen CIA-Lager in Europa oder das Camp in Guantanamo zu Ohren gekommen. Sie habe sich auch nicht für den verurteilten Ex-Premier von Island, nicht für Prozesse in der Türkei und andere »politische Verfahren« in der Welt interessiert, wohl aber sorge sie sich um Frau Timoschenko und die Menschenrechte in der Ukraine. »Ich sage es Ihnen so: Wir haben heute mehr Demokratie in der Ukraine als Sie in Deutschland. Es gibt Pressefreiheit, die Menschenrechte werden weder eingeschränkt noch unterdrückt. Es gelten offenkundig unterschiedliche Maßstäbe. Was Diktatur und was Demokratie ist, bestimmen die in Westeuropa herrschenden Kreise und ihre Medien.«

Nun bricht es doch aus Kuzmin heraus. Ihm gehen die Heuchelei und die Demagogie vernehmbar auf die Nerven.

»Es gibt bei uns ein Sprichwort: Wer etwas erreichen möchte, sucht nach Wegen. Wer nicht will, sucht nach Ausreden. Wir wollen mit der Ukraine nach Europa, ohne unsere Verbindung zu Russland aufzugeben. Timoschenko hat Ja zu EU und zur NATO gesagt, die jetzige Administration hingegen sieht das ein wenig anders. Das ist der Kern des Problems. Man braucht im Westen Timoschenko als Grund, um uns die kalte Schulter zeigen zu können. Wenn es sie nicht gäbe, hätte man etwas anderes gefunden, etwa dass unsere Autos stinken und gegen die Umweltrichtlinien der EU verstoßen. Insofern ist Timoschenko ein Instrument des Westens.

Und sie wiederum weiß das und instrumentalisiert erfolgreich den Westen, die Medien und die dortige Öffentlichkeit für ihre eigenen Interessen. Sie ist eine ziemlich clevere und kluge Geschäftsfrau und als Politikerin noch lange nicht erledigt. Die jüngsten Umfragen sehen sie und ihre Partei BJuT bei etwa 20 Prozent.«

Renat Kuzmin ist trotz der Heftigkeit seiner Vorwürfe ruhig geblieben, erstaunlich. Ich verstehe ihn. Alles, was sie hier in der Ukraine unternehmen, um die im Westen geforderte »Rechtsstaatlichkeit« herzustellen, wird dort abgetan oder gar zum Vorwurf gedreht, wenn die Gesetze auch auf ihre Favoriten angewandt werden.

Der Fall Scherban

»Belvedere« heißt das Restaurant, schöne Aussicht. Überall auf der Welt stehen Häuser dieses Namens. Es gibt schließlich in fast jeder Stadt eine attraktive Stelle. Die schöne Aussicht in Kiew hat man von den Hügeln im Herzen der Hauptstadt, von hier geht der Blick über den Dnepr, wo die Skyline des modernen Kiew sich auf dem gegenüberliegenden Ufer abzeichnet. Diesseits, eingebettet in gepflegte Grünanlagen, befinden sich, aufgereiht wie Perlen an einer Kette, mehrere Denk- und Mahnmale, etwa ein Obelisk, zu dessen Füßen eine Flamme lodert. Von hier geht eine Allee aus, gesäumt von Gedenksteinen, die Namen von Soldaten tragen, welche bei der Verteidigung der Stadt und später bei ihrer Befreiung von der faschistischen Besatzung ihr Leben gaben. Der lange Wanderweg führt vorbei am Höhlenkloster mit den unzähligen goldglänzenden Kirchenkuppeln und endet beim Monument »Rodina mat«, der Mutter Heimat. Ihre Behandlung in den aktuellen Touristenführern ist umgekehrt proportional zu ihren kolossalen Maßen, dort behandelt man sie, etwa im Vergleich zu den sehr vielen Gotteshäusern, ziemlich stiefmütterlich. Die Plastik sollte zum 35. Jahrestag des Sieges übergeben werden, wurde aber erst mit einjähriger Verspätung von Staats- und Parteichef Breshnew eingeweiht: Es hatte bautechnische Probleme gegeben. Wie man sieht, gibt es solche nicht nur in Berlin.

Gleichsam zwischen dem Mahnmal für den Unbekannten Soldaten und dem Siegesdenkmal befindet sich ein Monument jüngeren Datums, das die ältere Dame neben mir spöttisch als einzige bleibende Hinterlassenschaft des abgewählten Präsidenten Wiktor Juschtschenko bezeichnet. Die grauhaarige Ukrainerin genießt mit Landsleuten und Touristen den Blick über den Fluss. Ihr Verhältnis zu dieser »Hinterlassenschaft« wie zu den hiesigen Politikern ist ein wenig, nun, sagen wir mal: distanziert. Das seien doch alles Banditen, sagt sie freimütig, alle dächten nur an sich und sähen zu, wie sie ihre Schäfchen ins Trockene brächten. Kriminelles Pack, zischt sie durch ihre Zahnlücken. Wie hoch ihre Pension ist, sagt die ehemalige Lehrerin nicht, sie weiß aber, dass im Landesdurchschnitt die Altersrente unter tausend Hrywna liegt, was weniger als hundert Euro sind. Unter dem Schwätzer Juschtschenko und der hübschen »Gasprinzessin« ist zudem das Realeinkommen um rund ein Drittel gesunken. »Aber so ein Millionending neben unser Ehrenmal für die Rotarmisten setzen – das musste sein!«

Ihre gute Erziehung und die geweihte Erde, auf der wir uns befinden, hindern sie vermutlich daran auszuspeien, obgleich es sie merklich drängt, dies zu tun, um ihre ganze Verachtung zu zeigen.

Die in Rede stehende Denkmalanlage erinnert an mehrere Hungersnöte in der Ukraine, insbesondere an jene Katastrophe von 1932/33, bei der unzählige Menschen ihr Leben verloren. Die Historiker streiten, ob es nun drei oder sieben Millionen gewesen seien. Sie kennen die genaue Zahl so wenig wie die

Ursachen. Die einen führen es auf die große Dürre zurück, welche damals überall in der Sowjetunion herrschte und sehr viele Leben dahinraffte, die anderen sprechen von einer unglücklichen Verkettung verschiedener Faktoren und nennen dabei die Kollektivierung der Landwirtschaft, die zu einer Verweigerung großer Teile der ukrainischen Bauernschaft führte, Lebensmittel an den Staat abzuliefern, und die Vertreibung der Kulaken. Das habe die traditionellen Strukturen in der Landwirtschaft zerstört. Hinzu kamen witterungsbedingte Ernteausfälle. Partei und staatliche politische Verwaltung, bekannt als GPU, an deren Spitze in der Ukraine Stalins Schwager stand, kämpften gegen »die Kulaken und die petljurschen Konterrevolutionäre«. Auf einen Schlag ließen sie zweitausend Kolchosvorsitzende verhaften. Aber offenkundig war das nicht im

Schöne Aussicht: Blick über den Fluss auf die Skyline des neuen Kiew, vorn eine Kuppel des Höhlenklosters

Sinne der Parteiführung in Moskau: Im Januar 1933 löste man den Geheimdienstchef Redens schon nach einem halben Jahr wegen seiner »Entkulakisierung« ab, 1940 sollte er als »Mitglied einer polnischen Diversions-Spionagegruppe« zum Tode verurteilt und erschossen werden. Der ukrainische Parteichef Stanislaw Kossior, der auch dem Politbüro in Moskau angehörte, wurde wie seine beiden Brüder Opfer der Parteisäuberungen 1937/38: Auch wegen seiner Mitverantwortung an der Hungerkatastrophe wurde

Auf dem Areal des Höhlenklosters oberhalb des Dnepr

»Rodina mat«, 102 Meter hoch: das Siegesdenkmal

er erschossen und seine Asche in einem Massengrab auf dem Donskoi-Friedhof in Moskau verstreut.

Präsident Juschtschenko und ihm hörige Historiker hingegen behaupteten, es habe sich um eine systematische, von Stalin bewusst organisierte Hungersnot gehandelt, und kreierten dafür den Begriff »Holodomor«, bestehend aus den beiden ukrainischen Worten »Holod« (Hunger) und »Mor« (Tod, Seuche, Massensterben). Nicht zufällig, und wohl nicht nur wegen des Gleichklangs, sprach man auch vom »Hungerholocaust«.

Soweit mochte man in Westeuropa denn doch nicht gehen. Die Parlamentarische Versammlung des

Europarates lehnte im April 2010 die Anerkennung dieser tragischen Hungersnot als Genozid ab. Genau darum hatte sich Juschtschenko jahrelang bemüht.

Nicht wenige bezeichneten seine Erinnerungspolitik als »obszön«, wie die *Frankfurter Allgemeine Zeitung* am 20. November 2008 in einem Gespräch mit dem ukrainischen Präsidenten bemerkte. Auf dessen Behauptung, die Russen hätten damals »sechs Millionen Tonnen Getreide aus der Ukraine abgezogen; das Ziel war, diese Nation loszuwerden«, reagierte die *FAZ* mit der berechtigten Frage, ob denn »die Hungersnot nicht eine Tragödie der ganzen Sowjetunion« gewesen sei. Darauf Präsident Juschtschenko: »Es stimmt, dass sie auch Russen und Kasachen traf. Aber was dort geschah, hatte andere Ausmaße und eine andere Struktur.«

Die *FAZ* widersprach dem vorsichtig mit dem Hinweis, dass die Wissenschaftler darüber uneins seien, ob der vermeintlich »künstliche Hunger« tatsächlich mit der Wendung »Völkermord an der ukrainischen Nation« beschrieben werden dürfe. »Ist es nicht gefährlich, wenn ein Staatsoberhaupt als oberster Historiker auftritt und strittige Begriffe zur Staatsdoktrin macht?« Darauf Juschtschenko kurz und demagogisch: »Der Holodomor ist bei uns durch Gesetz als Völkermord definiert. Meine Aufgabe ist nicht, irgendwelche Auffassungen durchzusetzen.«

Im November wird alljährlich der Hungeropfer gedacht. Während etwa Julija Timoschenko, inzwischen Oppositionsführerin, noch 2010 in Juschtschenkos Horn blies (»Der Holodomor ist die größte Tragödie, die vom Regime Stalins verursacht wurde«) und dabei von zehn Millionen Opfern sprach (»vier Millionen Ukrainer kamen um und sechs Millionen wurden nicht geboren«), warnte Wiktor Janukowitsch, der Juschtschenko im Präsidentenpalast nachgefolgt war, vorm Gedenkmemorial davor, die Zahl der Opfer zu überhöhen: »Wenn einige […] mit Millionen durch den Hunger Umge-

Juschtschenkos »Holodomor-Memorial«

kommenen um sich werfen – von drei Millionen auf fünf und sogar sieben Millionen –, dann ist das bereits Lästerung.«

Ich verabschiede mich von der aufgebrachten alten Dame und gehe, Gedenktafeln und Plastiken hinter mir lassend, durch den Park zur Lavrskastraße, um mir ein Taxi zu rufen. Ich habe mich mit Ruslan Scherban verabredet, dem Sohn eines 1996 in Donezk ermordeten Politikers und Unternehmers.

Der Geschäftsmann war im Frühjahr 2012 mit einem Schreiben an die Öffentlichkeit getreten. Er hatte darin den US-Botschafter Tefft nicht nur ersucht, bei der Ermittlung der Mörder seines Vaters behilflich zu sein – bekanntlich hatte der Generalstaatsanwalt Pshonka einen solchen Antrag bereits offiziell gestellt, der aber ohne Antwort geblieben war. Scherban war darin noch einen Schritt weitergegangen und hatte von der Verletzung seiner Menschen- und Bürgerrechte gesprochen. Er habe einen legitimen Anspruch darauf zu erfahren, warum sein Vater ermordet wurde und wer dafür verantwortlich ist. Er, Ruslan Scherban, habe nämlich Grund zu der Annahme, dass zu den Hintermännern des Anschlages der in den USA verurteilte ehemalige Ministerpräsident Lasarenko und die von ihm 1995 eingesetzte Chefin des Energiekonzerns EESU gehörten.

Ruslan Scherban kommt zum Gespräch nicht allein. Er wird von zwei Männern begleitet, die vermutlich die meiste Zeit ihres Lebens in einem Fitnessstudio verbracht haben. Als ich meine Kamera in Anschlag bringe, drehen sie demonstrativ Gesicht und Oberkörper weg, ich sehe nur noch ihre breiten

Schultern. Vermutlich sitzen noch zwei solche Muskelprotze draußen im Geländewagen, denn irgendwann im Gespräch erwähnt Ruslan Scherban, dass er vier Personenschützer habe.

Das extreme Sicherheitsbedürfnis scheint weniger mit der Vergangenheit, umso mehr aber mit seinem gegenwärtigen Gewerbe zu tun zu haben: Der Mittdreißiger – verheiratet, Vater einer einjährigen Tochter – ist Vorstandsvorsitzender einer Bank mit dem beziehungsreichen Namen »Kapital«. Sie unterhält 64 Filialen in der Ukraine. Auf meine Nachfrage, wie hoch das Stammkapital sei, sagt er 200 Millionen Grywna, erkundigt sich aber sofort, warum ich das wissen wolle, schließlich hatten wir uns auf ein Gespräch über den Mord, dessen Hintergründe und aktuelle Folgen verabredet. Ruslan lächelt dabei, seine Lider bedecken die Augäpfel.

Ich grinse zurück: Angesichts der Euro-Krise suche man immer nach sicheren Geldanlagen …

Ruslan feixt vernehmlich, wie er es im Laufe unseres Gespräches wiederholt tun wird, er scheint, trotz aller Schicksalsschläge, vom Wesen her ein heiterer Mensch zu sein. In Kiew hat er Politik- und Wirtschaftswissenschaften studiert, seit acht Jahren sitzt er im Parlament in jener Stadt, in der er 1977 geboren und sein Vater 1996 erschossen wurde. Sein jüngerer Bruder studierte in England und lebt auch dort, sein älterer ist Geschäftsmann wie er und in den USA, für die er, Ruslan, kein Einreisevisum bekäme. Auch Kanada ließe ihn nicht hinein.

Auf diese Nebenbemerkung gehe ich nicht ein. Was er in erster Linie ist, Politiker oder Geschäfts-

mann, frage ich und provoziere damit eine Lach-
salve. In der Ukraine lassen sich Politik und Geschäft
nicht trennen, er sei natürlich beides.

Damit zielt er bereits auf das Motiv, weshalb sein
Vater seinerzeit – wie soll man das nennen? – aus
dem Weg geräumt wurde. Ich bitte ihn, da er Zeuge
war, mir den Überfall zu schildern. Er tut dies mit

Ruslan, Sohn des Mordopfers Jewgenij Scherban

irritierender Gelassenheit. Hat er diese Geschichte schon so oft wiedergegeben, dass sie nicht mehr die seine ist? Nein, sagt er, obgleich ihn die Sache seit anderthalb Jahrzehnten beschäftige, sei er er auch in der Vergangenheit schon aktiv gewesen, aber erstmals im Frühjahr 2012 an die Presse gegangen. Kurz zuvor kamen Leute aus Timoschenkos Partei zu ihm, um ihn zu bitten, nichts in Richtung Julija zu sagen (ahnten sie was?). Weil er sich nicht den Mund verbieten ließ, kam unmittelbar nach der Pressekonferenz der Vorwurf aus der Opposition, Scherban habe mit der Staatsanwaltschaft gedealt: Weil man – angeblich – gegen ihn in einer Mordsache ermittle, habe er dem Vorschlag zugestimmt, dass die Sache eingestellt werden würde, belastete er Timoschenko.

Das alles ist Unsinn, sagt Ruslan. Er habe die Familie eines ermordeten Freundes finanziell unterstützt, was ihm ausgelegt wurde, als entlaste er sein schlechtes Gewissen. Welch ein Blödsinn.

Nun ja, sage ich, er habe sechzehn Jahre geschwiegen, da fragt sich natürlich jeder: Warum spricht er jetzt?

Seine Antwort klingt überzeugend. Er sei damals zu jung gewesen und hätte mehr mit der seelischen Verarbeitung dieses traumatischen Erlebnisses zu tun gehabt. »Wissen Sie, wie das ist, wenn man seinen Vater in den Armen hält und spürt, wie er erkaltet? Wenn du siehst, wie Blut und Hirn aus der Wunde im Kopf auf deine Hände tropft? Entschuldigen Sie, ich will Sie nicht schocken, aber diese Momente haben mein Leben völlig verändert. Ich habe meinen Vater geliebt, er war mein Vorbild, ich wollte werden wie er: ein erfolgreicher Geschäftsmann und ein angesehener Politiker.«

Danach kam dann die Verfolgung der Familie. Er selbst sei nach Russland, von dort nach Frankreich, weiter nach Italien geflohen. Sieben Jahre auf der Flucht, ehe er in die Ukraine zurückkehrte und 2003 als Zeuge im Verfahren gegen den Mörder seines Vaters aussagte.

Verfolgung, Flucht?

Ja, natürlich, wobei er damals nicht verstanden habe, was da im Einzelnen geschah, und vieles verstehe er noch immer nicht: Warum die Konten in der Ukraine und in den USA eingefroren wurden – Vater war als Industrieller in der Stahlbranche tätig, er operierte erfolgreich in den USA, besaß dort Immobilien, Produktionsanlagen … Erst nach und nach sei ihm bewusst geworden, dass systematisch ein Konkurrent auf allen Feldern ausgeschaltet wurde, und notabene seine ganze Familie.

Scherban spricht nebulös von »diesen Leuten«. Wen meint er damit?

Jene, die unmittelbar daran interessiert gewesen sind, meinen Vater zu beseitigen.

Die Antwort ist kryptisch. Wer?

Das werden die Ermittlungen zeigen, die nunmehr intensiv betrieben würden. Jedenfalls sei er erst ruhiger geworden, als Lasarenko in den USA verhaftet und verurteilt wurde. Danach ist er in die Ukraine zurückgekehrt.

Aber warum forciert er jetzt seine Nachforschungen? Ich wiederhole diese Frage, die auch andere stellen. Weil er das Gefühl hat, dass die bis dahin wenig

erfolgreiche Aufklärung der Hintergründe und Zu-
sammenhänge nicht sonderlich vorangekommen ist
und er mehr als bislang tun muss.

Moment, werfe ich ein: Der Todesschütze wurde
2003 ermittelt und zu lebenslanger Haft verurteilt,
da kann er nicht behaupten, dass wenig bis nichts
geschehen ist.

Wir haben es doch hier mit drei Problemen zu
tun, sagt Scherban und holt aus. Die Rede gleitet
überlegt und ruhig dahin, der Analytiker wirkt sou-
verän und überzeugend.

Zuerst die Täterebene – da ist Einiges passiert,
richtig. Zwei Täter gefasst, vier auf der Flucht, die
übrigen der elf Bandenmitglieder tot: Aber eine
Erfolgsbilanz sieht anders aus.

Dann gibt es die Ebene der Strippenzieher, die
der Hintermänner, die sowohl den Mordauftrag
erteilten als auch die wirtschaftliche Liquidierung
des Konkurrenten veranlassten. Dort aber passierte
ebenso wenig wie auf dem dritten Feld: nämlich
dem der Klärung der Frage, wer die Ermittlungen
verschleppt und verhindert hat, kurz: die Aufdeckung der Verflechtungen, dieses Filzes aus Politik, Wirtschaft, Polizei und Justiz.

Er habe dabei gewiss ein Element vergessen, werfe
ich ein. Da fehlten noch die Geheimdienste. Die
einheimischen wie die auswärtigen. Denn dass die
ihre Finger ebenfalls im Spiel hatten, sei so sicher wie
das Amen in der Kirche. Doch bevor wir uns darüber austauschten, hätte ich gern von ihm gehört, was
sich an dem bewussten 3. November 1996 in Donezk zugetragen habe, als sein Vater starb.

*3. November 1996: Auf dem Flugplatz in Donezk
wird der Parlamentarier und Unternehmer Jewgenij
Scherban erschossen*

Sie seien zu dritt aus Moskau von einem Konzert
gekommen, sein Vater, dessen Ehefrau Nikitina und
er. Nachdem die Privatmaschine gelandet war, wären
sie ausgestiegen, ihr Wagen sei vorgefahren und habe
unmittelbar neben der Gangway gehalten. Beim
Einladen des Gepäcks sei ein weiteres Fahrzeug
gekommen, und ein Mann des Bodenpersonals, der
bisher am Ausstieg stand, feuerte zweimal mit der
Pistole auf den Kopf von Jewgenij Scherban. Eiskalt.
Zeitgleich sei ein Mann aus dem Auto vom Beifah-
rersitz gesprungen und habe mit einer MPi gefeuert.
Dabei wurden Scherbans Ehefrau und weitere Männer der Besatzung und vom Bodenpersonal getroffen, die entweder sofort oder wenig später im Hospital starben. Die beiden Killer sprangen sodann ins

Auto und fuhren davon. Später habe man die ausgebrannte Karosse des Autos gefunden.

Ruslan Scherban berichtet ohne sichtliche äußere Erregung. Auch ohne verbale Bekundung wird jedoch klar, dass die Wunde in seiner Seele noch längst nicht vernarbt ist, auch wenn er mit keiner Wimper zuckt.

Das geschah 12.15 Uhr, sagt er. Seitdem sei er ein anderer Mensch und die Familie auf der Flucht gewesen. Erst nachdem die Täter entschwunden waren, sei die Miliz aus dem Terminal zum Flugzeug geeilt. Deren erste Fragen haben nicht etwa gelautet, wie es ihm gehe, ob er verwundet sei und Hilfe benötige, sondern sie hätten seine Papiere verlangt und die Tasche mit den Dokumenten seines Vaters. Instinktiv habe er ihnen eine gereicht, von der er sicher war, dass sie keine Akten enthielte.

Was für Papiere, frage ich nach. Ruslan zuckt mit der Schulter. Geschäftliches eben, und politische Papiere. Sein Vater war schließlich Abgeordneter, Geschäftsmann und in Donezk eine sehr wichtige Persönlichkeit.

Es wurde in der Folgezeit eine Gruppe ermittelt, die in den Anschlag verwickelt war, Berufskriminelle zumeist. Die Namen der Killer und deren Schicksal sind inzwischen bekannt. Von den unmittelbar beteiligten Tätern wurden 1997/98 fünf ermordet, nach weiteren vier wird noch immer gefahndet. Lediglich zwei der Beteiligten wurden gefasst: der Fahrer eines Fluchtfahrzeuges Denisow und der Mordschütze Wadim Bolotskich. Beim Verfahren 2003 war Ruslan Scherban Zeuge, er habe Bolotskich gefragt, warum er nicht auch ihn erschossen habe, worauf der Mörder seines Vaters antwortete, das wäre nicht Teil seines Auftrags gewesen.

Die Lesart des Anschlags, die auch in deutschen Blättern verbreitet wurde – zum Beispiel in der *Frankfurter Allgemeinen Zeitung* am 11. November 2011 – lautet, dass es sich um einen blutigen Bandenkrieg zwischen »kriminellen Autoritäten« und »roten Direktoren der Stahl- und Kohlemetropole Donezk« gehandelt habe, welche »eine neue Eigentumsordnung« ausgefochten hätten. Also Rivalitäten à la Mafia oder Camorra. Es sei um die Beherrschung des Gasmarktes gegangen, um den der Dnipropetrowsker Clan mit den Donezkern kämpfte. Als Belege nannte die Zeitung einen zuvor erfolgten Bombenanschlag auf den Chef einer kriminellen Vereinigung von Dnipropetrowsk und ein Attentat in Donezk: Auf der VIP-Tribüne von Schachtjor Donezk, dem bekannten Fußballklub, war der Un-

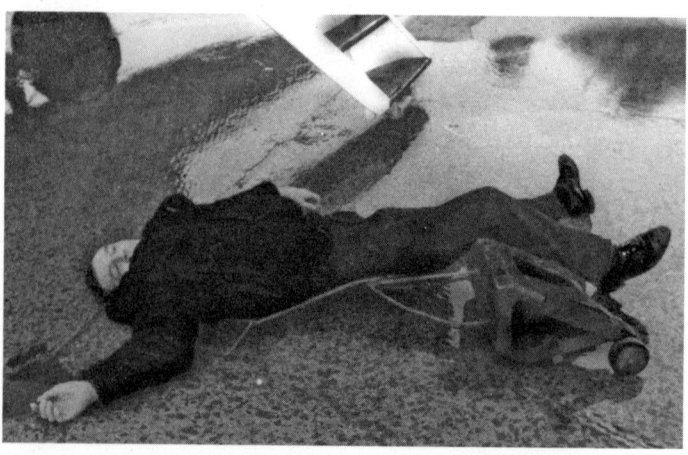

Ein Mann vom Bodenpersonal starb ebenfalls

terweltkönig Achat Bragin mit seinen Leibwächtern in die Luft gesprengt worden.

Jewgenij Scherban habe viele Todfeinde gehabt, heißt es in der deutschen Zeitung. Auch das kann nicht überraschen. Wer in kurzer Zeit übermäßig reich wird, nährt nicht unbegründet den Verdacht, dass dies kaum mit rechten Dingen zugegangen sein kann. Als Kronzeugen für den kriminellen Ursprung großen Kapitals kann man gern Multimilliardär Henry Ford, den Autokönig aus den USA, zitieren. Der antwortete bekanntlich auf die Frage, ob er bereit sei, alle seine Einkünfte offenzulegen: Selbstverständlich – bis auf die erste Million.

Der zutreffende Hinweis der *FAZ*, dass es sich um einen blutigen Bandenkrieg gehandelt habe, besagt nichts anderes, als dass Kriminelle den Auftrag erteilt bekamen und unterwegs waren.

Ruslan Scherban stützt die These, dass es sich nicht um einen politisch motivierten Mordanschlag gehan-

Überblick über den Tatort unmittelbar danach

delt hat, es sei primär um wirtschaftliche Interessen gegangen. Er wisse von geschäftlichen Konflikten seines Vaters mit dem seinerzeitigen Premierminister Pawlo Lasarenko und Julija Timoschenko, die damals Chefin des Energiekonzerns EESU war. Wenn die drei zusammen waren, haben sie stets gestritten, erinnert sich der damals 19-jährige Ruslan. »Diese Treffen hatten niemals ein gutes Ende.« Er erinnert sich auch des letzten Geburtstages seines Vaters, da seien sie alle bei ihm gewesen, die Heuchler und Feinde mit der Maske des Freundes. Das sei ihm aber erst Jahre später bewusst geworden, als er sich immer intensiver damit beschäftigte. »Die Banditen kommen immer aus der unmittelbaren Umgebung. Oder wie ist das bei Ihnen in Deutschland?«

Ich zucke mit der Schulter, das sei nicht meine Liga, sage ich. »Waren auch Timoschenko und Lasarenko zur Geburtstagsfeier Ihres Vaters anwesend?«

Tatortbesichtigung durch die Kriminalpolizei

Selbstverständlich. Lasarenko stand an der Spitze des Dnipropetrowsker Clans, während Scherban die Konkurrenz in Donezk führte. Julija Timoschenko, damals eine enge Verbündete Lasarenkos und der Dnipropetrowsker, schließlich kam sie selbst von dort, war zu jener Zeit als Gasmonopolistin bereits eine milliardenschwere Geschäftsfrau und als solche wohl ebenfalls eine Konkurrentin der Donezker, die damals versuchten, ihr einen Teil des lukrativen Gasgeschäfts abzujagen. Aber man verkehrte offiziell geschäftlich und »freundschaftlich« miteinander.

Aber ein Auftragsmord?

Sie haben ihm wiederholt den Tod an den Hals gewünscht, sagt Scherban. »Ich habe es gehört.«

Das tue ich manchmal auch bei »Freunden«, sage ich, und chartere trotzdem keinen Killer.

Er blinzelt mich aus den scheinbar schläfrigen Augen an.

Das Gericht im ukrainischen Luhansk (früher Lugansk) verurteilte im April 2003 den Todesschützen Wadim Bolotskich zu lebenslanger Haft. Er machte später wiederholt Timoschenko belastende Aussagen, die deren Anwälte als unzutreffend und unter Druck zustandegekommen zurückwiesen. Vermutlich ging man darum der Sache nicht nach, sagt Scherban. Man hätte es aber tun müssen.

Was ein mögliches Indiz dafür ist, dass es doch um mehr ging als einen blutigen Raub- oder Rachefeldzug rivalisierender Oligarchen, werfe ich ein. Wenn in ein Mordkomplett ausschließlich Kriminelle involviert sind, dann sickert üblicherweise irgendwann irgendetwas durch. Die Sache bleibt allerdings unterm Teppich, so lange politische, polizeiliche und juristische Instanzen darauf stehen.

Ruslan Scherban sagt, deshalb mache er ja nun selber öffentlichen Druck. Inzwischen hat er genügend Beweismaterial zusammengetragen, und auch die Staatsanwaltschaft ermittelt intensiv, dass sollte für eine Mordanklage reichen.

Gegen wen?

Na, gegen Timoschenko. Der Auftraggeber Lasarenko sei in den USA, und auch die andere Schlüsselfigur – Petro Kiritschenko – lebe in den Vereinigten Staaten. Der habe auch den entscheidenden Hinweis geliefert, indem er den amerikanischen Ermittlern im Fall Pawlo Lasarenko erklärte, das Blutgeld auf dem Flughafen Donezk sei von Lasarenko und Timoschenko gekommen. Der Auftraggeber des Mordes an Scherban, Lasarenko, habe ihm nämlich gesagt: »Julija Timoschenko wird bezahlen.«

Das könnte stimmen, werfe ich ein, der Politologe Heiko Plenes von der Universität Bremen, welcher sich schon lange mit der Ukraine und deren Oligarchen beschäftigt, sieht dort auch eine Verbindung. Das Nachrichtenmagazin *Focus* zitierte ihn am 22. Juni 2012 mit dem Satz: »Bei einem Teil des Geldes handelt es sich wohl auch um Bestechungszahlungen von Timoschenko«, womit er das illegale Geld von Lasarenko meinte, dessen »Wäsche« diesem neun Jahre eintrug.

Aber ist eine solche Aussage justiziabel? Bedarf es da nicht anderer, wasserdichter Beweise?

Er ist davon überzeugt, sagt Scherban, dass Lasarenko, 1996 Ministerpräsident, den Auftrag zur

Ermordung seines Vaters erteilt und die finanzielle Abwicklung Timoschenko übertragen hat. Gemanagt wurde dies von Lasarenkos Berater und Geschäftsmann Petro Kiritschenko.

Beweise, sage ich erneut.

Dann fliegen Namen und Zahlen durch den Raum, Ruslan Scherban steht erkennbar in der Materie. Als Banker jongliert er mit Zahlenkolonnen und skizziert das Beziehungsgeflecht eines politischen und kriminellen Komplotts. Dem deutschen Ohr sind die meisten Namen unverständlich und klingen ähnlich wie die ukrainische und die russische Sprache. Auf meine beiläufige Frage nach dem Unterschied der beiden Sprachen ernte ich Schmunzeln, er sei vielleicht so gravierend wie der zwischen deutsch und holländisch, also gewaltig. Wobei im Osten des Landes, wo die Mehrheit der Ukrainer lebt, natürlich russisch gesprochen wird, in Kiew, in der Mitte des Landes, ist ein Gemisch aus Russisch und Ukrainisch gebräuchlich, und im Westen dominiert vielleicht das Ukrainische, doch eine richtig reine Landessprache spreche und schreibe man nirgends. Als die Rada entschied, Russisch in den russischsprachigen Regionen zur zweiten Amtssprache zu machen, prügelte man sich im Parlament, sein Präsident Litwin trat zurück, und vor dem Haus wurde wie seit Wochen heftig protestiert.

Ruslan Scherban sitzt mir ruhig und gelassen gegenüber, ab und an klingelt sein Handy, er spricht meist sehr bestimmt, fast unwillig, doch stets sehr kurz. Ich fixiere ihn, er erwidert den Blick und weicht nicht aus. Eigentlich will ich ihn weder provozieren noch herausfordern, doch er hält auffällig dagegen. Es ist wie Armdrücken. Dann grinst er, wendet den Blick und redet weiter.

Als er im Frühjahr 2012 Lasarenkos Beteiligung an der Ermordung seines Vaters erstmals öffentlich ansprach, kam umgehend das Dementi aus den USA. Es handele sich um »zynische Lügen«, ließ Lasarenko über seine Anwältin erklären. »Ich habe nichts mit dem Verbrechen zu tun.« Überdies nannte er laut *Interfax-Ukraine* vom 9. April Scherban eine Marionette der Staatsanwaltschaft, was, mit Verlaub, eine Unverschämtheit war bei einem Manne, dessen Vater nun nachweislich gewaltsam zu Tode kam und der

Ruslan Scherban: Ich will Gerechtigkeit

nun Waise ist. Dass es in Ganoven-Kreisen nicht besonders fein zugeht, ist hinlänglich bekannt. Daran scheint sich wenig geändert zu haben, selbst wenn man in der Multimillionärsliga spielt. Und dennoch: Wo ist der Beweis, worauf soll die Staatsanwalt die Anklage gründen? Welche Indizien gibt es?

Die Ermittlungen hätten unter anderem eine Verbindung der Mördergruppe zum Energiekonzern EESU (Vereinte Energiesysteme der Ukraine) und zum seinerzeitigen Ministerpräsidenten nachgewiesen, sagt Scherban. Im Mai und im September 1997 beispielsweise sollen beträchtliche Mittel an den Kopf der Gang, die seinen Vater ausschaltete, gezahlt worden sein. Die Rede geht von bis zu drei Millionen Dollar, die geflossen sein sollen.

Der Energiekonzern EESU wurde, wie bekannt, damals von Julija Timoschenko geführt, von der »Gasprinzessin«. Die Mittdreißigerin war in diese Funktion durch Pawlo Lasarenko gelangt. Der hatte zu Sowjetzeiten am Landwirtschaftsinstitut von Dnipropetrowsk studiert und war 1992 von Präsident Krawtschuk mit 39 Jahren zu dessen Gebietsvertreter ernannt worden. Innerhalb kürzester Zeit brachte Lasarenko die gesamte Industrie der Region Dnipropetrosk in seinen Besitz, zur Mitte des Jahrzehnts gehörte ihm beinahe das ganze Land. So wurde der Oligarch folgerichtig auch Ministerpräsident der Ukraine, was er 1996/97 für die Dauer eines Jahres blieb. In jener Zeit bereicherte er sich allerdings derart unverschämt, dass er von Staatspräsident Kutschma des Amtes enthoben werden musste. Lasarenko floh ins Ausland ...

Ja, sage ich, das wisse ich inzwischen alles, aber wie soll da was geflossen sein – er sei doch selber Banker, er wisse doch, dass jede Kontobewegung dokumentiert werde. Die Geldhäuser sind doch alle gut miteinander vernetzt, das spürt in Deutschland jeder, der ein Girokonto führt. Kommt er mit irgendwelchen Ratenzahlungen in Verzug und will später eventuell einen Handyvertrag schließen oder einen Kredit für ein Sofa aufnehmen: Schwuppdiwupp bekommt er eine Absage, weil im Hintergrund, ohne sein Wissen, Banken, Unternehmensauskunftsvereine und andere Unternehmen schon längst seine Bonität und weitere ihn bloßstellende Aussagen ausgetauscht haben. Also, Ruslan Scherban, was wissen Sie als Banker über Transaktionen von Frau Timoschenko?

Er setzt wieder sein hintersinniges Lächeln auf. Es diabolisch zu nennen, trifft nicht das Wesen, wenngleich es mich reizte, ihn unverblümt zu fragen: Sagen Sie mal, wo kommt der ganze Schotter her, den Sie geerbt haben? Doch irgendetwas hindert mich daran, und sei es nur die Tatsache, dass er seinen Vater verlor. Ich folge ihm durchaus in seiner Feststellung, die er an anderer Stelle traf: Niemand hat das Recht, über das Leben eines anderen zu entscheiden. Selbst wenn jener sich unrechtmäßig bereicherte.

Julija Timoschenko, setzt er fort, war Mitbesitzerin der Company Somolli Enterprises Ltd. in Nikosia und führte dort Konten, in Großbritannien gehörte ihr die United Energy International Ltd., auf deren Konten flossen Zahlungen aus dem Gasge-

Protest vorm Parlament gegen Russisch als zweiter
Amtssprache in den russischsprachigen Regionen

schäft. Über die zyprischen und britischen Konten
seien Zahlungen gegangen an die Orphin S.A., die
unter anderem ein von Kiritschenko kontrolliertes
Konto bei der Amerbank in Warschau führte, an ein
Orphin-Konto in der Schweiz (»Bank Populaire
Suisse«) und in Antigua (»Eurofed Limited Bank«)
sowie auf ein weiteres Kiritschenko-Konto in der
Schweiz, lautend auf eine Wilnorth Company. Über
diese Bankverbindungen flossen Gelder auf Konten
Lasarenkos in der Schweiz und auf der Karibikinsel
Antigua. Bei der Orphin S. A. handelt es sich um ein
1994 von Lasarenko und Kiritschenko auf den
Bahamas gegründetes Unternehmen …

Und das könne man alles auf Cent und Dollar
belegen, frage ich, auch die Zahlungen an das Kil-
lerkommando?

Am 20. Mai 1997 sei eine halbe Million Dollar an Milchenko, Spitzname »Matros«, auf dessen Konto in Antigua geflossen, am 10. September weitere 979.000, das sei dann an den Bandenchef Kuschnir gegangen … Na, und so weiter.

Okay, sage ich und winke ab, das gehe mir denn doch zu sehr ins Detail, zumal ich durch diesen ukrainisch-russischen Zahlenwirrwarr und das internationale Firmengeflecht kaum noch durchblicke. Hoffentlich tut es der Staatsanwalt. Ich jedenfalls bin kein Ermittler, sage ich, ich höre mir nur an und notiere das, was mir den Sachverhalt annähernd deutlich macht.

Wieso habe er vorhin gesagt, dass er und seine Familie unmittelbar nach diesem Mord selber zu Gejagten wurden, frage ich, er erwähnte, dass man noch am gleichen Tage die Wohnung durchsucht habe. Sei es nicht üblich, dass die Polizei bei den Ermittlungen auch das unmittelbare Umfeld nach Hinweisen absucht? Was er als Hausdurchsuchung empfand, könne doch auch eine ganze normale polizeiliche Recherche gewesen sein.

Scherban sagt, er glaube nicht, dass es sich um die üblichen kriminalpolizeilichen Nachforschungen gehandelt habe. Es seien Führungskräfte von fünf Ermittlungsorganen – von der Miliz, von der Generalstaatsanwaltschaft, vom Sicherheitsdienst usw. – nacheinander bei ihnen erschienen. Das sei der Ehre ein wenig zu viel gewesen. Und erst nach sieben Jahren hat man den Todesschützen gefunden.

Wo?

In Russland.

Das Verfahren gegen Bolotskich wurde aber in Lugansk geführt, sage ich. Das liegt in der Ukraine.

Hm.

Hat Russland ihn ausgeliefert.

Russland liefert keinen Russen aus.

Ich verstehe. Ruslan schweigt wissend und schaut mich an.

Hatte das diplomatische Folgen?

Nein, das nicht, nur eine gewisse Verärgerung auf russischer Seite. Da der Kriminelle aber auch in andere Verbrechen verwickelt war, in den Bombenanschlag im Donezker Stadion zum Beispiel, blieb es beim Augenrollen.

Was treibe ihn, frage ich. Hass? Rache?

Er schüttelt den Kopf. Er wolle Gerechtigkeit.

Das sei ein dehnbarer Begriff, sage ich, darunter verstünde jeder etwas anderes. Frau Timoschenko beispielsweise fände es bestimmt gerecht, wenn sie aus

Die Ewige Flamme oberhalb Kiews

der Haft entlassen und bei der Präsidentenwahl als Märtyrerin ins Amt gewählt werden würde. Dem aber stünden erkennbar juristische Gründe entgegen, auch wenn sie das bestreitet. Was also sei für ihn »Gerechtigkeit«?

Wenn die Schuldigen schuldig gesprochen würden und die Bedingungen, unter denen sie handelten, sich grundlegend änderten. Die Ukraine müsse sich vom Ruch einer Bananenrepublik befreien. Mit aller Konsequenz und allen rechtsstaatlichen Mitteln. Im 2004 veröffentlichten *Transparency International Global Corruption Report* rangierte Lasarenko auf der Hitliste der weltweit korruptesten Politiker auf Platz 8.

Die Vergabe der Fußball-EM erfolgte im Jahre 2007, als Timoschenko Ministerpräsidentin war und Juschtschenko im Präsidentenpalast residierte. In jenem Jahr lag die Ukraine auf Platz 118 beim Korruptionsindex.

Das ist ein seit 1995 von Transparency International aufgestelltes Ranking von 180 Staaten, das die Wahrnehmung von Korruption bei Amtsträgern und Politikern erfasst. Dazu nutzt man Untersuchungen von unabhängigen Institutionen und Befragungen von Geschäftsleuten im In- und Ausland und Experten. Als Indizien und Ursachen der Korruption nennt man hohe Rohstoffvorkommen, Wettbewerbsbeschränkungen, willkürliche und widersprüchliche staatliche Eingriffe in das Wirtschaftsgeschehen, fehlende Pressefreiheit, Akzeptanz von Hierarchien und eine Neigung zu Reziprozität, das heißt das Prinzip der Gegenseitigkeit, also: hilfst du mir, helf ich dir.

Tuschka, Plural Tuschki: Gefrierhähnchen aus dem Supermarkt. So nennt man die Abtrünnigen aus dem Timoschenko-Lager. Sie trifft der Zorn der Julija-Fans

Man kann auch sagen: Eine Hand wäscht die andere. 2007 rangierte die Ukraine hinter Uganda, Benin, Malawi, Mali und Sao Tome und Principe, aber immerhin vor den Komoren, Guayana, Mauretanien, Nicaragua und Niger. Schlusslicht war in jenem Jahr übrigens Somalia.

2010, am Ende der Amtszeit von Juschtschenko/Timoschenko hatte sich die Ukraine um weitere sechzehn Plätze verschlechtert, sie war nunmehr die Nr. 134. (Deutschland, das nur nebenbei, lag auf Rang 15.)

Ruslan Scherban erhebt sich, er sagt: Die gegenwärtigen Bemühungen zur Überwindung der frühkapitalistischen Raubritterphase und deren juristischer Aufarbeitung wird nicht von jedermann und jederfrau mit Beifall begleitet. Die Gejagten heute behaupten, es handele sich um einen billigen, diktatorischen Rachefeldzug. »Ich will Geld verdienen, ordentliche Geschäfte machen, national und international«, sagt Scherban mit entwaffnender Offenheit. Dafür benötige man Berechenbarkeit, Regeln und Gesetze, an die sich alle halten. Und auf deren Einhaltung konsequent geachtet wird.

Er winkt den beiden Bodyguards. Sie nehmen ihn in die Mitte und verlassen mit ihrem Boss das Foyer.

Mit der dunklen Sonnenbrille sieht er aus, als spiele er in einem Thriller.

Zumindest ein wenig.

Unterwegs zu Julija T.

Das Taxi rauscht auf einer mehrspurigen Autobahn hinaus zum Flughafen, der nun nicht mehr Borispol wie zu Sowjetzeiten heißt, sondern Boryspil. Diesmal geht es nicht zum modernen Terminal D, wo ich vor einigen Tagen nach einem zweieinhalbstündigen Flug aus Berlin eingetroffen war, sondern zum Terminal A, wo die Inlandflüge abgefertigt werden. Terminal D wie auch der Autobahnzubringer sind vor kurzem erst fertiggestellt worden – der Fußball-EM sei Dank. Die Chinesen bauen noch an einer schnellen Bahnverbindung zwischen der Stadt und dem Airport, doch die Straße wurde rechtzeitig fertig, womit nur wenige noch gerechnet hatten. Natürlich war das ein Prestigeobjekt, und selbstredend schmückte sich damit auch der Präsident, weil es sein Vorgänger nicht fertiggebracht hatte. Es sei ein wahnsinniger Kraftakt gewesen, doch man hat es geschafft, wie der Fahrer nicht ohne Stolz bemerkt.

Die Trasse gleicht unseren Autobahnen, man wähnt sich etwa in Frankfurt am Main, wären da nicht diese kyrillischen Zeichen auf den großflächigen Werbetafeln mit den vertrauten Namen und Motiven, die die Piste aufdringlich säumen. Die Globalplayer sind alle da und buhlen um der ukrainischen Kunden Aufmerksamkeit. Elegant schwingen sich Überfahrten an Autobahnkreuzen über die Straße, da und dort laden Raststätten zum Halten ein. Die Autos, die an uns vorbeirauschen, sind groß und dunkel. Wie schon in der Stadt dominieren die sogenannten Geländelimousinen, genannt SUV, was für Sport Utility Vehicle steht. Man sieht: Hierzulande sind Autos Statussymbole, jeder, der sich eine solche Angeberkarre leisten kann, stellt sich so ein teures Monstrum mit einem bekannten Firmenlogo vor die Tür.

Das ganze Land befindet sich gleichsam in einer Aufholjagd auf der Überholspur. In kurzer Zeit will man all das nachholen, was man in 75 Jahren meint versäumt zu haben. Es erfolgte in den 90er Jahren kein Umbau, sondern ein Umbruch. Die Entfaltung des Kapitalismus in Europa zog sich über zwei Jahrhunderte hin, in der Ukraine geschah es offenkundig binnen zweier Jahrzehnte. Die Kollateralschäden konzentrierten sich auf kurze Zeit, die Wegstrecke säumen nicht nur rhetorisch Leichen. Wo gerafft wird, fallen Späne, wie man es allein an der Vita von Julija Timoschenko und ihresgleichen ablesen kann.

Die einzige Biografie übrigens, die es von ihr in Deutschland gibt, erschien erstmals 2006, die von ihr autorisierte Neuauflage sechs Jahre später verkaufte sich genau so schlecht. Die beiden Autoren, zwei in München lebende russische Journalisten, zeichneten darin sehr kenntnis- und beziehungsreich das Leben dieser »zierlichen, aber äußerst ehrgeizigen und rabiaten Lady« nach. Sie verliehen ihr nicht nur den Titel »Eiserne Lady«, sondern auch den einer »geheimnisvollen und charismatischen Jeanne d'Arc«, nannten sie Revolutionsheldin, ihr um den Kopf gelegter Zopf wurde mit einem Heiligenschein verglichen. Die Zahl der Epitheta ist Legion, wobei sicherlich der deutsche Verlag einen gehörigen Teil hinzugetan haben wird.

Möglicherweise ist das Buch eine der Quellen für die mehr als wohlwollende Beurteilung in den hiesigen Medien bis auf den heutigen Tag. Kritisches findet nicht statt. Und wenn einmal doch, dann erfährt das nicht unbedingt Beifall. Der Sportchef der *Zeit* sprach am Rande der Fußball-EM mit Jewgenija Timoschenko *(http://www.zeit.de/sport/2012-06/timoschenko-tochter-Jewgenija-julija-medien-interview).* Dem Termin wohnte ihre Pressesprecherin bei, und die Begegnung fand in der Zentrale der Partei ihrer Mutter »Blok Julija Timoschenko« (BJuT) statt.

Auf die harmlose Eingangsfrage Steffen Dobberts, ob die 32-jährige Absolventin der London School of Economics and Political Science vor einem Wechsel von der Geschäftsfrau zur Politikerin stünde, »ähnlich wie es Ihre Mutter tat«, antwortete diese: »Ihre Frage ist eine Provokation.«

Einige Zeilen weiter ist im Interview kursiv eingefügt: »Jewgenija Timoschenkos Pressesprecherin, eine ehemalige Journalistin, unterbricht nach den ersten Fragen das Gespräch. Fragen, die nichts mit der Inhaftierung von Jewgenijas Mutter zu tun haben, möchte sie nicht zulassen. Jewgenija müsse den Menschen in Deutschland und der ganzen Welt zeigen, was mit ihrer Mutter geschieht.«

Muss sie das? Wer oder was zwingt sie dazu? Und: Tun das nicht bereits andere?

Dobbert lässt sich davon wenig beeindrucken und verweist auf den öffentlichen Vorwurf, ihre Mutter »sei selbst eine Oligarchin«. Darauf die Antwort: »Meine Mutter war eine Geschäftsfrau, die Geld verdient hat, legal! Dann ist sie Politikerin geworden und hat ihre Geschäfte beendet.«

So geht es denn weiter mit dem Frage-Antwort-Spiel. Die Interviewte wird immer aggressiver. Auf Dobberts sachliche Feststellung, er habe viele Menschen in der Ukraine gesprochen, die sich »nicht gerade positiv über Ihre Mutter« geäußert hätten, reagiert Jewgenija Timoschenko beleidigend: »Das heißt, Sie sind kein Journalist. Sie haben keine Vorrecherche betrieben.«

Offenkundig ist man nur Journalist, wenn man kolportiert, was bereits in anderen Zeitungen stand und Zustimmung fand, denn die Pressesprecherin, die sich wieder einschaltet, meint, »dieses Interview sei kein Interview, wie sie es kennt«, und holt einen Stapel Beiträge aus der internationalen Presse hervor, die getitelt sind mit Zeilen wie »Timoschenko nach

Flughafen Boryspil, Terminal B

Prügel im Hungerstreik« und »Staatsanwalt nennt Vorwürfe gegen Timoschenko unglaubwürdig«. »Sie sagt, bevor man ein Interview führt, sollte man diese Texte kennen.«

Das auf *Zeit online* zu lesende Gespräch endet mit der Bemerkung: »Timoschenko verlässt sofort nach dem letzten Wort des Interviews mit ihrer Pressesprecherin das ehemalige Arbeitszimmer ihrer Mutter. Das Gespräch, das für eine Stunde vereinbart war, endet nach einer halben.«

Der Taxifahrer neben mir gehört zweifellos auch zu jenen Ukrainern, die Timoschenko (»das Püppchen«) nicht sonderlich mögen. Dabei spielt keine Rolle, dass sie ihre Kindheit auf dem Hof eines Wohnblocks in Dnipropetrowsk verbrachte, der überwiegend von Taxifahrern bewohnt wurde, auf welchem sie, wie ihre Biografen Dmitri Popov und Ilia Milstein einfühlsam beschrieben, Lehren fürs Leben sammelte. Ihre Mutter Ljudmila Telegina war Einsatzleiterin des lokalen Taxibetriebes. »Ich habe in meiner Kindheit gelernt, was es bedeutet, jede Kopeke zweimal umdrehen zu müssen. Wir waren ganz auf uns selbst gestellt«, verriet Timoschenko den beiden. Und eine andere Lehre, die angeblich zum Ehrenkodex der Jungen vom Hof gehörte, lautete: »Jeder Schlag muss sofort erwidert werden. Angriff ist die beste Verteidigung. Schlagen muss man sich immer, auch wenn man keine Chance auf den Sieg hat. Man kann vieles dabei verlieren, aber man wahrt sein Gesicht und damit die Chance, sich das Verlorene eines Tages zurückzuholen. Wer sich ergibt, verliert alles und für immer.«

Julija Telegina lernte mit 17 Oleksandr Timoschenko kennen, mit 18 heirateten sie, mit 19 bekam sie ihre Tochter, jene Jewgenija. Da studierte sie bereits. Über ihren Mann erfährt man wenig, mehr über dessen Vater Genadi, einen promovierten Verwaltungsangestellten, der einst an der Universität Lwow über Naziverbrechen in der Ukraine während der Besatzungszeit forschte. Er habe als Erster erkannt, welch »außergewöhnliche Fähigkeiten in der Schwiegertochter schlummerten«. Und weiter heißt es bei Popov und Milstein: »Genadi Timoschenko gehörte einem Clan an. Er kannte persönlich solche einflussreichen Dnipropetrowsker wie den späteren Präsidenten Kutschma oder die künftigen Ministerpräsidenten Lasarenko und Pustowoitenko.« Damals hieß das noch Nomenklatura, Clans ist wohl mehr eine Bezeichnung aus der neueren Zeit. Die exponierte Stellung in der Sowjetgesellschaft verhalf aber zu einigen Privilegien, die es erlaubten, dass auch dem jungen Glück seltener Luxus zuteil wurde: Das Ehepaar Timoschenko erhielt in der Karl-Marx-Straße eine kleine, aber eigene Wohnung, was damals gemeinhin ungewöhnlich war. Wegen der akuten Wohnungsnot in der Sowjetunion mussten sich meist mehrere Familien ein Quartier teilen. Wir kennen die unzähligen Berichte von Betroffenen.

1984, nach dem Studium, begann Julia Timoschenko in einem Rüstungsbetrieb in ihrer Heimatstadt zu arbeiten. Der stellte Funkmessgeräte her, nach außen hieß es jedoch, dort produzierte man die begehrten Kühlschränke der Marke »Dnepr«. Diese Legende mit etwa achttausend Beschäftigten durch-

Kiew: Müder Protestant unterm Mercedes-Stern

zuhalten: alle Achtung. Konkret war dort Dipl.-Ing. Julija Timoschenko in der Lohnbuchhaltung tätig. Und der junge, ehrgeizige Kader, die Komsomolzin aus einfachem Hause, wäre auch Mitglied der KPdSU geworden, wenn denn die Partei nicht so peinlich auf die Einhaltung ihres Schlüssels geachtet hätte: Ingenieure waren eben keine Arbeiter mehr. So verhalf ihr die KPdSU ungewollt zu jenem Persilschein, mit welchem sie sich später schmückte. In der neuen Zeit erklärte sie mit Stolz, *nie* Mitglied der Partei gewesen zu sein, und das klang so, als habe sie sich einem vermeintlichen Zwang widersetzt, also Widerstand geleistet.

Nach fünf Jahren verließ sie den Betrieb, dessen Existenz einer der Gründe war, weshalb Dnipropetrowsk eine für Ausländer gesperrte Stadt war, und gründete, die Perestroika machte es möglich, eine

Videothek. Timoschenkos Schwiegervater leitete, welch Zufall, den Filmverleih des Gebietes Dnipropetrowsk. Das Geschäft muss sehr einträglich gewesen sein, weshalb ihre Biografen vor dem Problem standen, den Ursprung ihres heute unermesslichen Reichtums zu erklären. »Wenn sie über ihre ersten

Individuelles Wohnen heute, Innenhof in Charkiw

Jahre in der Geschäftswelt spricht, dann erspart sie sich Einzelheiten«, heißt es bei ihnen. Und: »Das Geheimnis der ersten Million verblasst vor dem Geheimnis der ersten 5.000 Rubel. Die große Frage ist, woher Julija Timoschenko diese Summe hatte, um ihre Videothek zu eröffnen.«

Das war immerhin der Arbeitslohn einer Ingenieurin von zwei Jahren, umgerechnet achttausend Dollar. »Viele Jahre später sollte Julija, die sich offenbar schlecht erinnerte, erklären, sie habe das Geld von Bekannten Genadi Timoschenkos geliehen, und zwar ohne das Wissen ihres Schwiegervaters, weil es ihr peinlich gewesen sei. Missgünstige Stimmen behaupten, das sei alles nicht wahr.«

Muss es gleich Missgunst sein, wenn man Timoschenkos Selbstdarstellung nicht bereitwillig folgt?

Die Videothek war nur ein Teil ihres gemeinsam mit ihrem Mann geführten Unternehmens, das sie »Terminal« nannte. Die Komsomol-Kooperative organisierte auch Konzerte mit Rockgruppen. »Geldverdienen wurde zur Sucht«, schreiben die beiden Biografen über jene Zeit. »Keine Summe war jetzt hoch genug. Man dachte nur noch in runden Beträgen. Julija Timoschenko, die die neue Situation rasch erfasste, begriff sofort, dass Geldscheffeln etwas Endloses sein konnte, das den Menschen total fesselte.«

Als die Waren- und Rohstoffbörse in Moskau öffnete, kaufte Timoschenko am Tag der Erstausgabe eine Aktie. Sie kostete 100.000 Rubel. Im Juni 1991 war diese 4.500.000 Rubel wert, heißt es bei Popov und Milstein. Das sei die Eintrittskarte ins Big Business gewesen. Nebenbei: Gründer dieser Börse war

Oleg W. Deripaska, Komsolmolze und Absolvent der Plechow-Akademie für Wirtschaft und der Lomonossow-Universität zu Moskau, wo er Physik studiert hatte. Er rechnet heute zu den zehn reichsten Oligarchen Russlands und ist Freund Roman Abramowitschs, eines der reichsten Männer der Welt, Eigentümer u. a. des britischen Fußballclubs FC Chelsea.

Der Zerfall der Sowjetunion und die Proklamation der Selbständigkeit der Ukraine führten zu einem dramatischen Niedergang der Industrieproduktion im Lande, sie halbierte sich nahezu. Die organisch gewachsenen Wirtschaftsstrukturen in der Sowjetunion kollabierten, die Rohstoffe kamen nicht mehr wie gewohnt. In den ersten drei Jahren in den 90ern sank die Metallurgieproduktion in der Ukraine um ein Drittel, die Chemieindustrie ging unter, Wohnungs- und Industriebau ruhten, die Leichtindustrie starb. Ein Drittel der Lebensmittelproduktion fiel aus.

Ein Schlüsselproblem war das der Energieversorgung. Erdöl und -gas kamen bislang »aus der Pipeline«, nunmehr aus Russland. Dafür musste bezahlt werden. Zwar nicht soviel wie auf dem Weltmarkt, aber doch erheblich mehr als zu Sowjetzeiten. Timoschenko, die ein Gespür fürs Geschäft besaß, gründete das Unternehmen »Ukrainisches Benzin« (KUB). Als Feigenblatt wählte sie einen biederen Verwaltungsangestellten, den sie aus der Arbeit in ihrem Großbetrieb kannte. Dieser Oleksandr Gravez investierte 60.000 Dollar in eine in Zypern eingetragene Somolli Enterprises Ltd., die die Mehrheit an KUB hielt. Angeblich waren die Timoschenkos daran nur mit je fünf Prozent beteiligt. Und angeblich eher unabsichtlich, denn Jahre später erklärte sie in ihrer kalkulierend unbedarften Art: »In die Wirtschaft bin ich eher zufällig geraten.«

KUB verkaufte Rohöl und Benzin aus Russland und vermochte es, sich staatliche Exklusivrechte zu sichern, womit der Importeur zum Alleinversorger in der Landwirtschaft zunächst in der Region Dnipropetrowsk wurde. »Taufpate von KUB war Pawlo Lasarenko«, schreiben Popov und Milstein. Im März 1992 wurde der 39-jährige Absolvent des Landwirtschaftsinstituts von Präsident Krawtschuk zum Regionalchef ernannt, er brachte in dieser Funktion sukzessive binnen kurzer Zeit die gesamte Industrie in diesem Gebiet unter seine Kontrolle.

In jenen Jahren des Zusammenbruchs aller tradierten Strukturen in Politik, Wirtschaft und Finanzwesen herrschte nicht nur die Goldgräberstimmung des Wilden Westens, sondern auch die damals übliche Rechtlosigkeit. Die eingeführte Währung »Karbowanez« erlebte eine Hyperinflation. Karbowanzen hatte es schon zweimal gegeben: 1918, bei Gründung der Ukrainischen Volksrepublik, und 1942, als die Nazis 1942 im »Reichskommissariat Ukraine« die sowjetischen Rubel aus dem Verkehr zogen.

Die Notenpressen liefen unablässig in Kiew, die umlaufenden Banknoten vermehrten sich um ein Mehrfaches, die Inflationsrate bewegte sich im fünfstelligen Bereich. 1995 wurde noch eine Banknote über eine Million Karbowanzen ediert, ehe im Jahr darauf ein Schnitt erfolgte und die seither geltende Währung »Hrywna« (auch »Grywna«) eingeführt wurde. Der Kurs wurde, wie es heißt, zunächst »lose«, im Dezember 2008 »fest« an den Dollar-Kurs gebunden – das war, wir erinnern uns –, als der Präsident Juschtschenko hieß und Timoschenko die Regierung führte. Damals, Ende 2008, fiel der Kurs gegenüber dem Euro. (Die USA hatten ihren ersten Angriff auf den Euro gestartet, worauf der Euro gegenüber dem Dollar sich erheblich verschlechterte.) Im Oktober 2008 gab es für 6,5 Grywna einen Euro, zwei Monate später musste man dafür bereits elf hinlegen. So folgte Kiew der amerikanischen Leitwährung. Seither gilt der Wechselkurs als vergleichsweise stabil. Für etwa acht Grywna bekommt man einen Dollar, für etwa zehn einen Euro.

In Kiew kann man in vielen Banken sein Geld tauschen, wovon auch einheimische Bürger reichlich Gebrauch machen, wie ich beobachtete, als ich mich selbst in eine Schlange einreihte. Der Vorgang wurde zumindest bei den Ukrainern sehr penibel dokumentiert, und eine junge Frau, die offenkundig für eine Freundin einen vergleichsweise kleinen Betrag in Dollar zu tauschen wünschte, wurde wieder nach Hause geschickt, weil sie deren Pass nicht dabei hatte. Zumindest auf diesem Wege, so schien mir, ist Geldwäsche kaum möglich.

Jene Unberechenbarkeit war wohl auch einer der Gründe, weshalb es in den frühen 90er Jahren, in den Zeiten der Inflation in der Ukraine, wieder üblich wurde, erstens Ware gegen Ware zu tauschen und zweitens Geschäfte, egal wie groß sie waren, nur noch mit Barem zu realisieren. Das erste erledigte sich irgendwann, das zweite ist keineswegs unüblich

Julija Timoschenko in den früheren 90er Jahren, links ihr Mann Oleksandr, rechts Geschäftspartner Gravez

geworden. Die Rolle Banknoten, mit Gummiband zusammengehalten, gehören wie das Handy und der schwarze Geländewagen unverändert zu den Insignien eines ukrainischen Businessman.

Timoschenko, angeblich zur Wirtschaft gekommen wie die sprichwörtliche Jungfrau zum Kinde, entwickelte viel Fantasie beim Erwirtschaften von Mehrwert, da übertraf sie vielleicht noch den deutschen Tausendsassa Alexander Schalck-Golodkowski, dessen Vorfahren väterlicherseits aus der nördlichen Dnepr-Tiefebene kamen (sic!). »Die Kunst bestand darin, lange Ketten gegenseitiger bargeldloser Verrechnungen aufzubauen«, heißt es dazu bei Timoschenkos Biografen. »Für den Diesel lieferten die Kolchosen Lebensmittel, die man Zementfabriken anbieten konnte. Mit dem Zement wurden die Transportleistungen der Eisenbahn vergütet usw. usf. In den postsowjetischen Staaten nahm der Kapitalismus mit feudaler Naturalwirtschaft seinen Anfang.« Und wie damals im Feudalismus wurden auch die ukrainischen Fuggers und Medicis und Rothschilds dabei reich, reicher, am reichsten. Und die Sänger bei Hofe machten daraus ein Epos von Edelmut und Patriotismus: »Während KUB und ähnliche Firmen ihre Schattenmillionen verdienten, retteten sie zugleich das Land«, heißt es bei den Timoschenko-Biografen. »Für die ukrainische Wirtschaft waren sie das Leiden und die Arznei zugleich.«

Timoschenko, inzwischen Generaldirektorin von KUB, sei dennoch »unterschätzt« worden, »anfangs erkannte keiner in ihr die ehrgeizige, pragmatische, knallharte Spielernatur mit der großen Zukunft«. Auf der anderen Seite allerdings: »Ihre Partner und Konkurrenten, allesamt Männer, benutzte die ehrgeizige Unternehmerin nicht nur, um auf ihrem Weg zu Geld

Hyperinflation: Banknote mit dem Präsidentenpalast in Kiew über 1 Million Karbowanzen

und Ruhm schneller voranzukommen. Sie waren auch ihre Lehrer, und Julija sog begierig neues Wissen auf, das sie bei ihnen erhaschen konnte – über das Knüpfen von Geschäftsbeziehungen, über Banken, über Offshore-Gebiete, über Rohrleitungen, über den Öl- und Gasmarkt und dessen Hauptakteure, über die Abhängigkeit der Wirtschaft von der Politik und über die Verbrecherwelt mit ihren eigenen Gesetzen.«

Hingegen fehlte ihrem Ehemann »jeder Geschäftssinn«, weshalb man sich damals trennte. Ohne förmliche Scheidung. Zweimal noch sieht man beide: 2001 gemeinsam auf der Anklagebank und bei der Hochzeit der Tochter in Kiew 2005, als diese den Briten Sean Carr ehelichte. Zum Timoschenko-Mythos gehört ihre Behauptung, sie habe ihre Ehe gleichsam auf dem Altar des Vaterlandes geopfert. Die Aufgabe dieser Beziehung sei der Preis für ihre Entscheidung gewesen, Politikerin zu werden.

Nein, auch privat wird sie sich so verhalten haben wie im Geschäftsleben: Eine Beziehung wird so lange aufrechterhalten, wie sie nützt. Wenn keine Rendite mehr zu erwarten ist, wird sie beendet. Kurz und ohne großes Gewese.

Das werde ich später auch von Juri Bober zu hören bekommen, der nach der Jahrtausendwende zwei Jahre lang mit Julija Timoschenko liiert war. Danach ließ sie ihn wie eine heiße Kartoffel fallen. Nach dem Ende der Beziehung wurde ihm nachgestellt, es gab sogar einen Einbruch und einen Überfall, bei dem das Fotoalbum mit den verfänglichen Bildern gestohlen wurde. Ob sie selbst dazu den Auftrag erteilte, ist noch nicht ermittelt, aber dass ihr Interesse groß war, eine kompromittierende Verwendung dieser Aufnahmen zu verhindern, scheint irgendwie logisch.

Im Jahr 1995 ging KUB, das »Ukrainische Benzin«, unter und dessen Kapital ein in eine neue Firma. Diese hieß »Einheitliche Energiesysteme der Ukraine« (EESU), firmierte als ukrainisch-britisches Unternehmen und verfügte über ein Stammkapital von zehn Millionen Dollar. Feigenblatt Gravez war noch dabei, hatte aber nichts mehr zu bestellen. Irgendwann stieg er aus und setzte sich nach Israel ab. Haupteigentümer war die Familie Timoschenko. Julija agierte als Firmenchefin, Schwiegervater Genadi T. war der Generaldirektor, und Noch-Ehemann Oleksandr führte die Transportabteilung. Die Mutter, eine Tante und die Tochter wurden an die Spitze von Ausgründungen der EESU gestellt. Das waren Tochterunternehmen dem Wortsinne nach. Auch die Feststellung des Schwiegervaters auf dem Konvent der Partei »Gromada«, der Partei von Ministerpräsident Lasarenko, die Julija Timoschenko 1996 ins Parlament bringt, ist ähnlich zutreffend: »Ich verehre meine Schwiegertochter. Von ihrem Geist und ihrer Begabung leben wir alle.«

Und als Lasarenko abgelöst wird und ins Ausland flüchtet, gründet Timoschenko ihren eigenen Wahlverein, die »Allukrainische Vereinigung ›Batkiwschtschyna/Vaterland‹«. Vom X. Kongress dieser Partei berichtet am 10. Oktober 2010 *Kommersant-Ukraine*, dass »ihre ständige Vorsitzende« Julija Timoschenko heiße. »Als Bestandteil des Blockes Julija Timoschenko (BJuT) gelangte ›Batkiwschtschyna‹ 2002, 2006 und 2007 in die Werchowna Rada, dabei 7,26, 22,29 und 30,71 Prozent der Stimmen erzielend.«

»Julija forever«: demonstrative »Liebeserklärung«
auf dem Kretschatik, insbesondere für die Touristen

Die Worte zeigen die ganze Phraseologie und Demagogie, mit der Timoschenko ihr Wirken umnebelt,
und den Kult, den sie um sich entfaltet, weshalb aus
diesem Parteitagsbericht zitiert sein soll. »Die Partei-
vorsitzende von ›Batkiwschtschyna‹, Julija Timoschenko, erschien im Saal genau zur angesetzten Zeit
– um 11.00 Uhr. Auf der Bühne wurde sie bereits von
einem Chor erwartet, der ein Gebet für die Ukraine
sprach. Den Kongress eröffnend, lud Timoschenko
die Mitglieder des Präsidiums dazu ein, ihre Plätze
einzunehmen«, heißt es bei der Agentur in ein wenig
holperndem Deutsch. Nachdem sie noch kurz zuvor
mit einem Boykott der bevorstehenden Kommunal-
wahlen durch ihre Partei gedroht hatte, erklärte sie
jetzt das Gegenteil. »Es gibt keinen Wahlboykott!«
Man werde bis zum Letzten kämpfen, denn Kom-
munalwahlen seien »von der Sache her ein Training

vor den nächsten Parlamentswahlen und den Präsidentschaftswahlen«. So trainierte sie denn selbst anderthalb Stunden. »»Die derzeitige Regierung ist eine zeitweilige, zufällige, unlogische, und daher müssen wir sie so schnell wie möglich von dieser Arbeit entfernen‹, erklärte sie. Timoschenkos Meinung nach wird ein Regierungswechsel bei den nächsten regulären Wahlen zur Werchowna Rada möglich.« Aber prophylaktisch erklärte sie schon mal, dass sie »die Ergebnisse der Wahlen nicht anerkennt, wenn die Regierung ihre Beziehung zu den Oppositionsparteien nicht ändert. Ihre Worte wurden mit stürmischem Applaus begrüßt.

›Ehre der Ukraine!‹, rief Julia Timoschenko aus.

›Den Helden Ehre!‹, antwortete der Saal im Chor.«

Lasarenko tritt im Mai 1996 an die Spitze der ukrainischen Regierung: Er ist der siebte Ministerpräsident seit Ausrufung der Unabhängigkeit vor etwa reichlich vier Jahren. Er macht die EESU-Chefin zur Monopolistin im staatlichen Gas-Geschäft, nachdem konkurrierende Unternehmen aus dem Rennen geworfen wurden. In der Ukraine werden jährlich bis zu 80 Millionen Kubikmeter Gas verbraucht – nur drei Staaten auf der Welt verbrennen mehr –, wovon ein knappes Viertel aus eigenen Quellen stammt. Über das ukrainische Territórium führen zudem auch etliche Pipelines, durch die russisches und turkmenisches Gas und Öl nach Westeuropa fließen. Daran will man mitverdienen, was wiederum der russische Energiekonzern Gazprom nicht so gern sieht: Wer gibt schon freiwillig etwas von den Profiten her.

Zum Verständnis: Die Pipelines wurden unter großen Kraftanstrengungen von der ganzen Sowjetunion in den 70er und 80er Jahren errichtet, darunter die 2.750 Kilometer lange Erdgasleitung »Sojus«. 550 Kilometer davon – der Abschnitt von Krementschug am Dnepr bis nach Bar in der Westukraine – entstanden als größte Auslandsinvestition der DDR, an der bis zu zehntausend Ostdeutsche arbeiteten.

Erdgasleitungen und natürlich auch die Förderung selbst waren vom Staatskonzern Gazprom, der 1989 aus dem Ministerium für Gasförder- und Gastransportindustrie der UdSSR hervorgegangen war, übernommen worden. Gazprom gilt unverändert als das größte Erdgasförderunternehmen weltweit, angeblich verfügt es über ein Drittel der Gasvorräte der Welt, der Staat hält die Hälfte der Aktien und besetzt die Mehrheit der Sitze im Aufsichtsrat in Moskau. Der erste Chef wurde der bisherige Minister für Erdöl- und Gaswirtschaft, der 1992 – inzwischen einer der reichsten Männer Russlands – von Jelzin zum Ministerpräsidenten gemacht wurde. Ihm folgte im Amt des Vorstandsvorsitzenden Rem Wjachirew nach. (Der Vorname, das nur nebenbei war das Akronym aus Revolution, Engels und Marx.) Wjachirew, bereits im Ministerium Stellvertreter Tschernomyrdins, wollte nicht mehr hinnehmen, dass erstens Unternehmen in der Ukraine wohlfeiles Gas bezogen und dieses zu mehr als dem doppelten Preis auf dem Weltmarkt weiterverkauften, und zweitens auch noch die Pipelines anzapften und Gazprom bestahlen. »Nach Schätzungen von Insidern wurden in jenen Jahren 65 bis 70 Prozent des Gasumschlages in der Ukraine von der Schattenwirtschaft abgewickelt«, heißt es dazu lakonisch bei Popow und Milstein.

Und nun tritt die EESZ-Chefin mit dem Angebot auf den Plan, als Monopolist und mit dem Segen der Obrigkeit in Kiew für Ordnung zu sorgen. Timoschenko fliegt nach Moskau zum Gazprom-Chef. »Für längeren Artilleriebeschuss oder psychologische Tricks hatte die Präsidentin von EESU keine Zeit. Sie musste ein einfaches, wirksames Mittel finden«, heißt es bei den Biografen. »Zum Gespräch mit ihm erschien die 36-jährige Julija Timoschenko in Minirock und hohen Stiefeln.«

Sie selbst kommentierte später ihren Auftritt mit den sehr erhellenden Sätzen: »Ich war damals jünger und mochte solche Kleidung. Wjachirew hat sich bestimmt gewundert und gefragt, ob man von einer Person, die sich so extravagant kleidet, etwas Seriöses erwarten kann. Er hat mich mit väterlicher Ironie betrachtet, aber den Brief aufmerksam gelesen, in dem ich ihm einen neuen Modus der Verrechnungen für russisches Gas vorschlug. Am Ende hat er ihn unterschrieben.«

Sie kann es sich jedoch nicht verkneifen, absichtsvoll zu erwähnen, dass sie sich zum zweiten Treffen zurechtgemacht habe »wie eine Komsomolzin der Sowjetzeit«. Jetzt wurde sie nämlich von Wjachirew den anderen führenden Persönlichkeiten von Gazprom vorgestellt, denen offenkundig noch nicht der ganze Verstand in die Hose gerutscht war. (Wjachirew, auch das nebenbei, sollte 2002 von Präsident Putin entlassen werden. »Aus gesundheitlichen Gründen«, hatte er erklärt, wolle er nicht wieder für einen

Direktorenposten kandidieren. Der tatsächliche Grund: Der Erdgasbaron hatte das Unternehmen nach Gutsherrenart geführt. Manfred Quiring, einst Moskau-Korrespondent der *Berliner Zeitung* und der Nachrichtenagentur *ADN*, schrieb zu Wjachirews Sturz am 4. Juni 2002 in der *Welt*: »Er setzte Vertraute und Familienmitglieder auf lukrative Posten, widersetzte sich allen Strukturreformen und geriet immer wieder in den Geruch unlauterer Geschäfte. ›Analysten schätzen, dass bei Gazprom jedes Jahr zwei bis drei Milliarden Dollar durch Korruption, Vetternwirtschaft und schlichten Diebstahl verschwinden‹, sagte der ehemalige Finanzminister Boris Fjodorow.«)

So stieg, wie ihre Biografen mitteilten, Julija Timoschenko also mit Minirock und langen Stiefeln in die Oberliga der Großverdiener auf. »Auf diese Weise gelangte Julija Timoschenko in den Kreis der sogenannten Oligarchen. Im ganzen postsowjetischen Raum war sie dort die einzige Frau.«

»Die Generalstaatsanwaltschaft der Schweiz, die den in Ungnade gefallenen Ministerpräsidenten Lasarenko später festnahm, behauptete, er habe von Julija Timoschenko insgesamt 72 Millionen Dollar erhalten. Aber ist überhaupt vorstellbar, dass sie nach anderen Regeln spielte als die übrgen Konkurrenten am Markt? Dass sie die einzige Unternehmerin im Lande war, die ein Filetstück dieses Marktes erhielt, ohne dafür zu bezahlen? Wohl kaum.« So die gleichermaßen entschuldigende wie bezeichnende Kommentierung durch ihre Biografen. »72 Millionen Dollar waren für den Timoschenko-Konzern nicht gerade lächerlich, aber auf jeden Fall erschwinglich.«

Unternehmen, die die Gaslieferungen nicht bezahlen konnten, stellten Schuldscheine aus. Und wenn sie die nicht zurückkaufen können, fiel der Betrieb an die EESU. Im Portfolio des Timoschenko-Konzerns, so weist es eine Werbebroschüre jener Jahre aus, sind schon bald auch Röhrenwerke, Metallhütten und Erzanreicherungsanlagen, Banken und Fluggesellschaften. Man spricht von rund zwanzig Industrie- und Handelsfirmen, die zu etwa zweieinhalbtausend Unternehmen in der Ukraine Geschäftsbeziehungen unterhalten. Der Jahresumsatz soll etwa fünf Milliarden Dollar betragen. Die Moskauer *Iswestija* spricht von einem »Staat im Staate« und die *Kiewer Wochenzeitung* nimmt's sarkastisch: »Die Ukraine ist der EESU beigetreten«. Dem Vernehmen nach kontrolliert Julija Timoschenko zu Beginn des Jahres 1997 etwa ein Viertel der ukrainischen Wirtschaft.

Sie sei nunmehr so mächtig und so reich wie weiland die Zarin Katharina II., schreiben ihre Biografen, bleiben aber exakte Angaben schuldig. Ukrainische Quellen hätten sie Ende der 90er Jahre etwa 2,5 Milliarden Dollar schwer eingeschätzt, die Londoner *Times* 2005 sah sie bei sechs Milliarden Pfund, was etwa rund siebeneinhalb Milliarden Euro wären. Doch unter den ersten 100 der reichsten Menschen dieser Welt, die auf der berühmten Liste des US-Magazins *Forbes* stehen, taucht sie nicht auf. Nun ja, die beginnt auch erst bei 68 Milliarden Dollar. Aber immerhin findet man darunter dreizehn Russen.

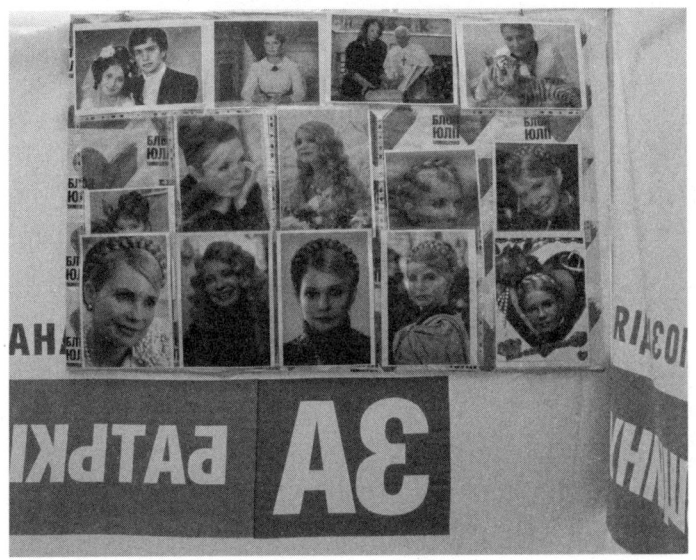

*Die verschiedenen Gesichter der Julija Timoschenko,
stets aufs Äußere bedacht*

Und Italiens Ex-Ministerpräsident Berlusconi mit
seinen 73 Milliarden rangiert im hinteren Viertel.

Und wie jener wähnt sich auch Julija Timoschenko durch ein politisches Amt geschützt. Abgeordnete
der Werchowna Rada genießen Immunität, was eine
zwingende Erklärung dafür ist, weshalb sich unter
den 450 Abgeordneten mehr als 400 Millionäre
drängen. Es sind die berühmten Krähen, die sich
gegenseitig kein Auge aushacken. Natürlich kann die
Staatsanwaltschaft beantragen, dass das Parlament
die Immunität aufhebt, doch das passiert in diesen
Kreisen nicht. Dort weiß man: Heute ich und morgen du … Also stimmt man gegen die Aufhebung.

Den unmittelbaren Anlass, sich unter das schüt-
zende Dach des Parlaments zu flüchten, lieferten

einige Tage Haft. Timoschenko war 1995 beim Einchecken für einen Flug nach Moskau vom ukrainischen Zoll mit 26.000 Dollar und drei Millionen Karbowanzen festgenommen worden. Das Geld hatte sie nicht angegeben, sie wurde des Schmuggels bezichtigt. Ein zu Herzen gehender Brief der Belegschaft von KUB mit dem Hinweis, sie sei Mutter einer minderjährigen Tochter, und – möglicherweise – etwas Bakschisch ließen die Staatsanwaltschaft von Saporoshje/Saporishje, bekannt vor allem wegen der dort produzieren Autos, einknicken.

1996 kämpft sie um ein Mandat in der Rada, die teuer bezahlten Berater nehmen einen Imagewechsel vor und loben ihre Bereitschaft, allen ihren Vorschlägen zu folgen. »Einer ihrer Lehrer nennt sie ›eine geniale Schauspielerin, die selbst Hollywood erobern könnte‹«, heißt es bei Popow und Milstein. »Sie muss schön sein, darf aber nicht herausfordernd wirken. Auffällige Kleidung oder teurer Schmuck verbieten sich von selbst. Sie ist bescheiden und freundlich wie eine Lehrerin von Lande.« Sie steigt »aus dem gewohnten Mercedes in einen schlichten Wolga« um.

Und wo das nicht reicht, verteilt sie Geschenke. Im Wahlkreis stellt sie Schulen und Hospitälern fünftausend Tonnen Kohle zur Verfügung, sie lässt Kirchen und Kinos restaurieren, verspricht den Bauern bessere Versorgung, und Ministerpräsident Lasarenko veranlasst auf ihren Wink hin, dass die seit Monaten auf ihre Pensionen wartenden Rentner und die unbezahlten Verwaltungsangestellten die ihnen zustehenden Gehälter auf einmal erhalten. Sie wird, wen überrascht es, mit einem Ergebnis wie aus Sowjetzeiten ins Parlament gewählt. Ein kritisches Blatt in Kiew kommentiert Timoschenkos Einzug in die Rada, man brauche keine politischen Ansichten mehr, »es genügt, dass man Geld hat«.

Am 17. Dezember 1997, dem Tag der Heiligen Barbara, verleiht die ukrainisch-orthodoxe Kirche ihr den Orden der Heiligen Warwara. Offiziell heißt es, dies sei die Anerkennung für die Rettung der Kirchen in ihrem Wahlkreis; ihre und die Kritiker der Kirche höhnen, sie verteilten Orden und Ehrenzeichen wie weiland Breshnew. Auch macht das Gerücht die Runde, die Auszeichnung habe sie gekauft wie alles andere auch. Doch sie trägt den Orden bei jeder Gelegenheit an ihrem Chanel-Kostüm, wie es in der Biografie heißt, dekoriert mit dem Hinweis, dass sie keinerlei Schmuck trage, nicht einmal eine Uhr. Sie habe nämlich »die schlechte Angewohnheit«, bei Verhandlungen ihre Preziosen abzunehmen, nervös damit zu spielen und diese »regelmäßig« liegenzulassen. In einem Interview kokettiert sie, dass »durchaus nicht alle Geschäftspartner ihr die vergessenen Wertsachen« zurückgegeben hätten. Darum ging's ja wohl.

Es macht natürlich keinen guten Eindruck, wenn man bei Verhandlungen einen Umschlag über den Tisch schiebt – da lässt man besser einen Brillantring auf diesem liegen und »vergisst« ihn.

Befreit man die Darstellungen jener Jahre von dem Schleim, der alles zukleistert, und von der Wortmalerei, die zu jeder Szene in diesem Schmierentheater die beschönigende Erklärung liefert, reduziert man alles auf die Fakten, dann kann einem schon reichlich übel werden.

Und warum nun ausgerechnet die Heilige Barbara, die in der Ukraine Warwara heißt? Die hübsche und kluge Frau (aus Nikomedia, was in der Türkei am Schwarzen Meer liegt, oder Baalbek im Libanon) habe, so geht die Fama, alle Männer verschmäht und sich dem verbotenen Christentum zugewandt, wofür sie zunächst eingesperrt, dann barbarisch gefoltert

»Freiheit für Julija!« – Protest vorm Parlament in Kiew mit dem Handtäschchen von Dior

wurde. Ihr Vater enthauptete sie schließlich. Dieses Motiv wie auch die Folter fanden in der bildenden Kunst unzählige Male Verwendung, und die Heilige Barbara avancierte zu einem Symbol der Wehr- und Standhaftigkeit, sie gilt darum als Schutzpatronin der Bergleute, Hüttenleute, Geologen, Glöckner, Glockengießer, Schmiede, Maurer, Steinmetze, Zimmerleute, Dachdecker, Elektriker, Architekten, Artilleristen, Pyrotechniker, Feuerwehrleute, Totengräber, Hutmacher, der Mädchen und der Gefangenen.

Julija Timoschenko handelt nie unüberlegt. Sie weiß Zeichen zu setzen und Zeichen zu instrumentalisieren. Sie hat sehr früh begriffen, dass die Politik von Bildern und Symbolen lebt ...

Das Taxi hält mit Schwung vorm Terminal. Der Fahrer, dem ich sagte, wohin es mit dem Flieger gehen wird, und dem ich meine Motive für diese Recherche nicht verschwiegen habe, wünscht mir gutes Gelingen. Für diese Leute sind wir normalen Ukrainer nur träge Biomasse, sagt er noch. Für uns sind das Nichtstuer und Diebe, das können sie ruhig schreiben.

Das Einchecken erfolgt ohne Probleme, die Sicherheitskontrolle geschieht zügig. Selbst bei Inlandflügen nimmt man es offenkundig sehr genau. Wie stets piept die Gürtelschnalle aus Metall, als ich die Schleuse passiere. Ich will den Leibriemen schon aus den Schlaufen ziehen, doch der Uniformierte winkt ab. Er führt seinen Metalldetektor auf und nieder, dann darf ich noch den linken, anschließend den rechten Fuß ohne Schuhe auf einen Würfel stellen, er hebt das Hosenbein und mustert erst meine Wade, dann das Fußwerk, schließlich kann ich mich trollen. Viel Aufwand für vierzig Minuten Flug.

Wenig später sitze ich in der Maschine. Sie ist bis auf den letzten Sitz gefüllt. Zurück werde ich mit der Bahn reisen, die benötigt für die Distanz mehr als vier Stunden. Doch es war nichts mehr frei in den Maschinen von Charkiw nach Kiew, die für mich infrage kamen.

Ich lese über Timoschenko auf Papier, elektronische Geräte dürfen an Bord in der Start- und Landephase nicht benutzt werden. Der Flug über fünfhundert Kilometer besteht nur aus Start und Landung.

Die selbstbewusste Timoschenko weiß sich zu inszenieren, sie ist sich ihrer optischen Wirkung bewusst. Das Aussehen ist, wie bei einem Model, ihr Kapital. An jedem Morgen läuft sie eine halbe Stunde und schindet sich an Sportgeräten, sie meidet alles, was dick macht und verschmäht Süßes. An ihre Haut lässt sie nur abgekochtes Wasser und dermatologisch unbedenkliche Seife. Sie weiß, dass sie auf Fotos besser aussieht als in Natura, deshalb legte sie sich einen Leibfotografen zu. So behält sie im Wortsinne die Kontrolle über das Bild, welches in den Medien von ihr verbreitet wird.

Bei den Schuhen bevorzugt sie Hochhackige, das lässt sie ein wenig größer erscheinen, als sie in Wirklichkeit ist. Das aber ist ihr einziges Manko: Sie will nicht als zierliches Persönchen von wenig mehr als anderthalb Meter erscheinen, das man bemitleidet, sondern als eine selbstbewusste, starke Persönlichkeit. Auch ohne Stilberater hat sie das passende Outfit und das Parfüm, das sie schmückt, rasch gefunden.

Die Duftwolke, in die sie sich einhüllt, heißt *Angel* und kommt aus dem Hause Thierry Muggler und wird beworben mit dem Text: »Unschuldsengel und verführerische Diva in einem. Das verkörpert ANGEL – eine faszinierende Parfum-Komposition, die Widersprüche in sich vereint und jeder Frau ein unverwechselbar weibliches Gefühl verleiht. Eine unerwartete und gewagte Vereinigung von Patchouli und süßen Gourmand-Noten – prickelnd und köstlich, unvergesslich und einzigartig sinnlich …« Französisch der Duft, französisch das Make-up, französisch die Kleidung (Chanel) oder italienisch (Dolce et Gabbana), klassisch und streng, meist in Schwarz oder Weiß.

Nur mit den Haaren tat sie sich lange Zeit schwer. Mal hingen sie blond und gelockt über die Schulter, mal glatt und brünett, ein andermal gänzlich schwarz. Es gibt auch Aufnahmen, die zeigen sie mit einer dunkelblonden Kurzhaarfrisur, bei der die Fransen kess in die Stirn fallen. Auf jedem Foto sieht sie gänzlich anders aus, es gibt kaum Ähnlichkeit. Wüsste man nicht aus den Bildunterschriften, dass es sich tatsächlich um ein und dieselbe Person handelte, hätte man arge Zweifel, dass man jedesmal Julija Timoschenko vor sich hat. Das regelmäßige Färben habe das Haar dünn und brüchig werden lassen, verlautet aus ihrer Umgebung, was die Vermutung nahelegt, dass's für die heutige Frisur nicht ausschließlich eigenes Haupthaar Verwendung gefunden hat. Ihre Biografen behaupten zwar, sie habe sich den Zopf bei Lessja Ukrainka abgeschaut, der »berühmten Dichterin des 19. Jahrhunderts und Nationalheldin der Ukraine«, doch auf keinem der überlieferten Bilder trägt die 1913 auf dem Bajkowe-Friedhof in Kiew beigesetzte Übersetzerin von Heine, Hugo und Hauptmann (auch Marx, Engels und Lenin übertrug die Sozialdemokratin ins Ukrainische) jenes Timoschenko-Markenzeichen: den geflochtenen Haarkranz als Heiligenschein.

Die *Frankfurter Allgemeine Zeitung* sprach darum am 21. Dezember 2007 vom »ukrainischen Folklore-Idol mit Stickbluse und blondem Haarkranz«, was der Wahrheit wohl ein wenig näher kam. Da ist vermutlich nichts von literarischer Aufladung, die man ihrem Zopf gern nachgesagt hätte. Wie überhaupt damals in der *FAZ* der Blick insgesamt ein wenig kritischer ausfiel als heute gemeinhin üblich. Timoschenko habe mit ihrer neuerlichen Berufung zur Ministerpräsidentin »eine zweite Chance bekommen«, doch das Blatt gab sich skeptisch, ob sie diese auch nutzen würde. »Die Sieger der Revolution in Orange, Juschtschenko und sie selbst, haben durch Hader, Günstlingswirtschaft und zweifelhaften Umgang mit der Verfassung viel von ihrem Glanz verloren«, heißt es dort. »Julija Timoschenko wird vom alten Schema ihrer Wahlkämpfe – hier die moskautreuen ›Banditen‹, dort die ukrainisch-patriotischen ›Demokraten‹ – Abschied nehmen müssen, wenn sie ihr Land versöhnen will.«

Ich blättere in alten Zeitungsausschnitten, lese Seriöses und Tümelndes in der Regenbogenpresse, die vornehmlich das Lied singt von hässlichen Sowjetentlein, dass sich zum schönen, makellosen Schwan entwickelt habe, vom Aschenputtel zur Gasprinzessin. Ich beobachte mich und bemerke erstaunt, dass ich plötzlich Mitleid empfinde, allerdings aus einem ganz anderen Grunde als vermutet. Und vielleicht ist es auch nicht Mitleid, was ja Mitgefühl voraussetzte, was ich in ihrem Falle überhaupt nicht aufzubringen in der Lage bin. Dazu weiß ich inzwischen zu viel von ihr. Arme Sau, denke ich, keine Freunde und innerlich leer, der Mann, die Weggefährten (die sie mitunter Kampfgefährten nennt) – von Oleksandr, ihrem Mann, über Gravez und Lasarenko bis zu Juschtschenko – hat sie entweder fallengelassen oder diese haben sich von ihr getrennt.

»Sie hat niemandem geglaubt und niemand hat ihr vertraut. Wie soll da Liebe entstehen?« Liebe in diesem Money-making-Wahn, dem alles unterworfen wird. Sie wäre »ein Paradiesvogel unter lauter Aasgeiern« schreiben ihre Biografen, und deuten damit die Oberflächlichkeit ihres wahren Daseins an, ihr ausschließlich auf Außenwirkung zielendes Handeln ohne Tiefe und menschliche Nähe. Sie sei »zum Produkt der Massenkultur« geworden, schreiben sie, mit einem »Panzer, in dem der lebendige Mensch kaum noch zu erkennen ist«. Opfer der Umstände? Die Tochter bringt sie mit 13 nach Großbritannien, den Mann und ihren Schwiegervater schickt sie ins Ausland, als sich die Staatsanwaltschaft für ihre Geschäfte interessiert, Lasarenko macht sich mit dem Privatflugzeug freiwillig davon, und Wiktor Pinchuk, mit dem sie am Institut für Metallurgie von Dnipropetrowsk studierte und dem ein Liebesverhältnis mit ihr nachgesagt wurde, ehe er die Tochter von Präsident Kutschma heiratete, erklärt sie gar den

СВОБОДУ ЮЛІ - СВОБОДУ УКРАЇНІ!

Endlich den richtigen Look: Auch die angeklebten Fingernägel gehören zu einer ukrainischen Bäuerin

Krieg. Anfang der 90er Jahre gründeten beide das Gasimportunternehmen »Sodrushestwo«, was »Gemeinschaft« heißt.

Es gibt verschiedene Legenden, warum sich alsbald ihre Wege trennten. Eine von Popov und Milstein kolportierte lautet, daran »seien echte Kriminelle beteiligt« gewesen, »und zwar auf Seiten der zarten Prinzessin«. Pinchuk saß von 1998 bis 2006 im Parlament und steht aktuell auf Platz 255 der *Forbes*-Liste, er soll 3,3 Milliarden Dollar besitzen. Als sie Ministerpräsidentin war, versuchte sie sein Firmengeflecht »in ein Trümmerfeld zu verwandeln«, wie es in der Biografie heißt. Pinchuk besitzt Unternehmen in Großbritannien und in der Ukraine, darunter Stahlwerke, vier TV-Kanäle und die Boulevardzeitung *Fakty i Kommentarii*.

Vielleicht hat der ukrainische Journalist Oleksandr Kotschetkow Recht, wenn er meint, dass sie sich irgendwann verändert habe, dass sie ihrem »pragmatischen Ziel, die reichste und unabhängigste Frau des Landes zu werden«, eine »edle Seite« zu geben versuchte, indem sie »den Menschen ein kleines Glück geben« wollte. Vielleicht täuscht er sich darin auch, indem sie ihn wie alle anderen täuschte. Vielleicht handelt es sich in Wahrheit nur um den aussichtlosen Versuch einer ehrgeizigen Frau, die innere Leere zu füllen. Und sei es durch Selbstsuggestion.

Charkiw, Frauengefängnis Nr. 54

Es ist bereits dunkel und ein wenig stürmisch, als ich auf den Vorplatz des Airports trete. Dieser ist sehr überschaubar, angesichts der hauptstädtischen Dimensionen von Kiew geradezu provinziell. Es warten auch nur wenige Taxis. Ins Hotel »Tschitschikow«, sage ich, in der Gogolstraße.

Nemez, fragt der Mann hinterm Lenkrad, was ich unschwer leugnen kann, und er beginnt gleich munter loszulegen. Sein Alter lässt vermuten, dass die einzigen deutschen Uniformierten, die er jemals sah, die Fans der DFB-Auswahl waren, welche unlängst in Charkiw spielte. In ihrem einzigen EM-Vorrundenspiel hier besiegte die deutsche die holländische Auswahl in einem furiosen Spiel mit 2:1, was den Russen noch immer von der »nemezkaja maschina« schwärmen lässt. Und die Fans hätten sich auch sehr gesittet benommen, die Deutschen seien eben ordentliche Menschen.

Ich denk mir meinen Teil und rechne ihm entschuldigend die Gnade der späten Geburt zugute. Oder vielleicht ist er auch nur höflich und breitet den Mantel des Schweigens über die Verbrechen meiner Vorfahren. Die damals viertgrößte Stadt der Sowjetunion war von der 6. Armee auf dem Weg nach Stalingrad erobert worden, 240.000 Rotarmisten gerieten dabei in Gefangenschaft. In der fast zwei

Jahre währenden Besatzungszeit starben in der Region über eine Viertelmillion Menschen. In Drobizki Jar, einer Schlucht im Osten der Stadt, wurden Tag für Tag 250 bis 300 Juden erschossen. Und in den Gaswagen starben vornehmlich Frauen und Kinder. Verantwortlich dafür war Generalleutnant Jesco von Puttkamer, der sich bereits als Kolonialoffizier vor dem Ersten Weltkrieg in Kamerun bei der Niederwerfung von Aufständen zweifelhafte Verdienste erworben hatte. Offenkundig war sein Wüten selbst dem OKW zu viel, weshalb man den 66-Jährigen im August 1942 aus Charkiw abzog und in den Ruhestand versetzte, den er in Neustrelitz bei Berlin nahm. 1952 floh er von dort in den Westen, weil er seine Verhaftung wegen dieser Kriegsverbrechen in Charkiw fürchtete. Sieben Jahre später verstarb der Pensionär unbehelligt in Wiesbaden …

Der Taxifahrer gehört zu der Sorte Ukrainer, die lieber »in die Zukunft schauen« wollen. Der Blick zurück, so meinen sie, wäre nicht hilfreich. Irgendwann müsse man die Wunden, die man sich wechselseitig zugefügt habe, in Ruhe vernarben lassen.

Wenn ich solche durchaus ehrlich gemeinten Sprüche höre, beiße ich mir stets auf die Zuge, um nicht zu widersprechen. Was heißt »wechselseitig«? Haben nicht meine Landsleute die Ukraine überfallen und als Barbaren gewütet? Alles was folgte, ist diesem Urverbrechen kausal zuzuschreiben.

Ich lass ihn plappern und schaue zum Fenster hinaus. Neubaublock reiht sich an Neubaublock. Erst als wir die Innenstadt erreichen, erkenne ich einige wenige Altbauten. An einem Platz ragt ein

Turm mit Sowjetstern in die Höhe, unverkennbar in den früheren 50er Jahren errichtet. Dort gäbe es die teuersten Wohnungen in der Stadt, die größte ganz oben habe eine Million Dollar gekostet. Die Stalinbauten seien deshalb so begehrt, schiebt er nach, weil sie solide wären. Die Bauarbeiter wussten, wenn sie pfuschten, würden sie erschossen, deshalb hätten sie sich angestrengt. Er lacht. Heute gäbe es viel Pfusch am Bau. Die gehörten alle erschossen. Dabei lässt er offen, ob er die Bauarbeiter meint oder die Bauherrn, die an allem sparen. Aber er lacht über seinen Witz, den er offensichtlich für gut hält.

Das Hotel ist ein Neubau und vielleicht erst vor der Europameisterschaft fertiggeworden. Klein, aber fein. Trotz der Gediegenheit sind die Preise sehr irdisch, kein Vergleich mit dem »Salut« in Kiew. Und

Blick in die Gogolstraße von Charkiw, hinten das Hotel »Tschitschikow«, vorn die Theater-Akademie

was ich noch nie erlebte: frische Schnittblumen im Bad. Im Nachtschrank liegt statt des Neuen Testaments Gesammeltes von Gogol auf Russisch. Was Wunder: Das Haus trägt schließlich den Namen einer Figur aus Gogols Roman »Die toten Seelen«.

Welche Metapher, denke ich, angesichts des Grundes, der mich hierher führte. Tschitschikow, ein kleiner Finanzbeamter in der ukrainischen Provinz, aus ärmlichen Verhältnissen kommend, ist geschäftstüchtig, anpassungsfähig und clever. So steigt er stetig auf, bekämpft die Korruption, gewöhnt sich an den Luxus und wird alsbald selbst korrupt, worauf er die Stufenleiter wieder hinabstürzt und sich als Winkeladvokat durchschlagen muss. Dabei hat er eine geniale Geschäftsidee: Im Lande herrscht noch Leibeigenschaft, und die Gutsbesitzer müssen Steuern für eben jene leibeigenen Bauern an den Staat

Gogol als Nachtlektüre anstelle des Neuen Testaments

entrichten. Der hat jedoch keine Übersicht und kassiert auch für die Verstorbenen, denn erst wenn – von Zeit zu Zeit – die Listen revidiert werden, streicht man die »toten Seelen«. Der eloquente Tschitschikow schwatzt den Gutsbesitzern die »toten Seelen« ab, für weniger als 300 Rubel erwirbt er vierhundert solcher Karteileichen, mit denen er Steueransprüche von etwa 100.000 Rubel geltend macht.

Die Sache fliegt jedoch auf, und der Versuch eines Multimillionärs, Tschitschikow moralisch zu läutern, scheitert an dessen Haltung: »Doch empfinde ich keine Abneigung gegen die Sünde: ich bin abgestumpft, fühle keine Liebe zum Guten.« Am Ende wird der Reuelose begnadigt und des Landes verwiesen. Von seinem letzten Geld lässt er sich kurz vor der Abreise noch einen edlen Maßanzug schneidern, um – weiterzumachen.

Das Kulturhaus in Charkiw, an dem ein Vierteljahrhundert gebaut wurde

Das Denkmal des Nationaldichters Schewtschenko

Der Zufall hat mich an diesen Ort gespült, und dann ein solche literarische Vorlage! Nun kann ich schwerlich mit Karl Marx und seiner These aus dem »18. Brumaire des Louis Bonaparte« entgegnen, das sich Geschichte eben zweimal zuzutragen pflegt: das erste Mal als Tragödie, das zweite Mal als Farce, denn Gogol hat sich alles nur ausgedacht, Tschitschikow war fiktiv, Timoschenko hingegen ist real. Doch was für eine Analogie, bis ins Detail.

Nach einer wunderbaren Nacht mache ich mich auf den Weg. Ich habe noch etwas Zeit bis zum Termin im Gefängnis und bummle hinüber in den Park, der – wie könnte es anders sein – nach einem anderen ukrainischen Nationaldichter und Maler benannt ist. Auf einem Platz erhebt sich das Denkmal von Taras Schewtschenko, aufgerichtet 1935 und offenkundig von den Nazitruppen verschont.

Der Sturm am Vorabend hat die Bäume im Park sichtlich gezaust, es sind mehrere Gärtnerkolonnen unterwegs, die Äste von den Wegen zu räumen. Jogger laufen in der Morgensonne, mit Stöpseln im Ohr, Frauen gehen Gassi mit ihren Schoßhündchen. Der Tag erwacht, die Luft ist lau.

Ich schlendere hinüber zu einem Kulturhaus, dessen Architektur unschwer die Entstehungszeit verrät. Bereits die hässlichen Kugelleuchten auf dem Weg offenbaren die Geschmacklosigkeit von vier Architekten, die sich in der untergehenden Sowjetunion richtig austobten, und niemand fiel ihnen in den Arm, denn dies hätte in der Phase von Perestroika und Glasnost als unzulässige Bevormundung gegolten. Das Haus wurde 1991 fertig, nach insgesamt 25 Jahren Bauzeit, und beherbergt das Opern- und das Balletttheater, welches bereits 1829 in Charkiw gegründet worden war; auch ein Kino spielt in diesem Kasten. Vielleicht sind die Räume im Innern annehmbar und ich tue seinen Erfindern unrecht.

Mit dem Taxi geht es hinaus ins Frauengefängnis. Die Folgen des Krieges sind noch immer zu besichtigen. Der verfluchte Krieg riss Löcher ins Stadtbild, die notdürftig in den Folgejahren geflickt wurden. Kaum ein Dach trägt Ziegel, dafür gewelltes oder glattes Blech. Zwischen den Blöcken viel verräterisches Grün. Man sieht auch im raschen Durchflug, dass es sich um eine Industriestadt handelt. Beim Blick aus dem Hotelfenster waren an der Peripherie der weitläufigen Anderthalb-Millionen-Stadt etliche rauchende Schlote und dampfende Kühltürme zu erkennen. Zudem versteht sich Charkiw als Wissen-

Flanierende Studentinnen in Charkiw

schafts- und Bildungszentrum der Ukraine. Es heißt, es gäbe 42 Universitäten und Hochschulen hier.

Der Verkehr pulsiert auf den Trassen, auf den Bürgersteigen eilen Menschen dahin, die Straßenbahnen sind gefüllt. Es ist ein sommerlicher Werktag. Eine russische Metropole, nicht zu vergleichen mit Kiew. Die Fassaden sind nicht so schick, keine Postkartenmotive, nicht unbedingt ein Ort, an dem man Urlaub machen möchte. (Später werde ich mich revidieren, als ich am Lupan flaniere.) Mag sein, dass die Leichtigkeit des Sommers alles ein wenig in freundlicheres Licht taucht, an einem trüben Spätwintertag vergraben sich die Menschen tief in ihre Mäntel, und Grau ist die bestimmende Farbe. Aber selbst wenn ich mir die Sonne wegdenke und den blauen Himmel, beobachte ich nicht das, was der Reporter der *Neuen Osnabrücker Zeitung* am 29. April 2012 auf diesem Weg

Außenansicht I

an den südöstlichen Stadtrand, den ich augenblicklich fahre, gesehen und empfunden haben will:

»Der Weg zum Straflager ist gefährlich. In den schlammigen Wegen klaffen Löcher. Gullydeckel fehlen. Hingeworfene Äste sollen den Absturz in die Tiefen der Kanalisation verhindern. An den grauen Wänden der Plattenbauten im Stadtteil Charkiw-Komintern rinnt Rostwasser herab. Stacheldrahtrollen schützen das Frauengefängnis Nummer 54 und Werkshallen im angrenzenden Industriegebiet.«

In der Tat, zwischen Grün und vielen kleineren und mittleren Betrieben, befindet sich jenes Gefängnis, in welchem seit Jahresbeginn Julija Timoschenko inhaftiert ist. Die Anstalt schaut ein wenig anders aus als vergleichbare Einrichtungen, die wir aus unseren Breitengraden kennen. Da gibt es eine weitläufige Umfangsmauer mit einem Tor, an dem sich der

Schlagbaum sofort hebt, wenn man sagt, dass man einen Termin bei Oberst Perwuschkin hat. Das ist nämlich der Chef der Einrichtung. Dann folgen einige lose in der Landschaft verstreute Gebäude und schließlich ein Block an der mit Stacheldraht bekrönten eigentlichen Gefängnismauer.

Ein Oberstleutnant lotst mich durch die Schleuse, es folgt das Prozedere, welches ich bereits aus Kiew kenne. Nur ist es diesmal eine Frau, die die Daten aus meinem Pass in ihre Kladde überträgt. Bis auf die Kamera und den Notizblock muss ich alles abgeben.

Außenansicht II

Wir kommen gleich in einen Innenhof, in welchem Frauen in blauen Kittelschürzen in der Sonne stehen. Sobald sie den Offizier in meiner Begleitung sehen – der Vize-Chef, wie ich später erfahre –, kommt Bewegung in die Truppe. Die Frauen sortieren sich und kehren uns auffällig den Rücken zu. Den Grund soll ich schon bald auch von Timoschenkos Zellengenossinnen erfahren. Kaum eine möchte fotografiert werden. Tanja, die Lehrerin, sagt, ihre Familie wisse nicht, dass sie hier sei. Offensichtlich ist es ihr peinlich. Sobald ich mit der Kamera um eine Ecke biege, huschen die Frauen davon wie Silberfischchen, wenn Licht in ihr Versteck fällt. Einige, die ich anspreche, ob ich sie fotografieren dürfe, willigen ein. Vielleicht haben sie mit dem Leben draußen abgeschlossen. Die älteste Insassin ist 69, sie hat ihren Mann und ihre beiden Söhne auf dem Gewissen. Erstochen beim Fernsehen im Vollrausch, wahrscheinlich die Rache für lebenslange Unterdrückung und Demütigung. Nun sitzt sie lebenslang hinter Gittern. Ob sie sich verbessert hat?

Wir laufen schräg über den Hof in ein hellgrün getünchtes Gebäude, dort residiert der Leiter der Anstalt. Der Oberst ist sonnengebräunt und seit 27 Jahren im Strafvollzug, in drei Jahren sei Schluss, dann gehe er in Rente, sagt er. Perwuschkin ist leutselig und leger, wenn er sich an seinem Schreibtisch nach vorn beugt, sieht man an einem Goldkettchen ein Kreuz vor der Brust blitzen. In den Einbauschränken hinter ihm stehen Vorschriften und Gesetze, die gleichen Rücken mit Goldpräge im Meter. Nichts Persönliches. Quer zu seinem Schreibtisch steht ein Tisch mit

Der Anstaltsleiter, Oberst Perwuschkin

fünf Stühlen, offenkundig finden hier die Dienstbesprechungen im kleinen Kreis statt.

An diesem Tisch sollen später nacheinander auch Irina und Tanja mir gegenüber sitzen. Sie teilten sich einige Zeit die Zelle mit Julija Timoschenko, ehe diese ins Krankenhaus überstellt wurde. Die beiden, ich greife vor, sind alles andere als gesprächig, beide geben an, wegen »finanzieller Machenschaften« verurteilt worden zu sein, was darunter zu verstehen ist – Betrug, Steuerhinterziehung, Beischlafdiebstahl? –, bleibt ihr Geheimnis. Irina, auf die Dreißig zugehend, hat sich für den Termin geschminkt, das volle

Eingangsschild am Frauengefängnis Nr. 54

Programm. Sie will sich mit Julija nur über Kosmetik und Mode unterhalten haben, zu mehr wäre auch nicht Zeit gewesen. Sie habe schließlich tagsüber, im Unterschied zu ihrer Bettnachbarin, in der Schneiderei gearbeitet.

Timoschenko hingegen monierte an ihren beiden Nachbarinnen, dass sie mit Zigarettenqualm die Zelle verpestet und ihr das Atmen schwer gemacht hätten.

Auch Tanja, die Lehrerin um die Vierzig, hält sich mit Auskünften merklich zurück. Schwer zu sagen, ob die beiden schon zu oft zum gleichen Thema von Leuten wie mir befragt wurden, weshalb sie es leid sind, stets dieselben Geschichten zu erzählen. Kann sein, dass sie sich bedeckt halten, um später – falls es »mal anders kommt« – nicht dafür belangt zu werden, wenn sie etwas Kritisches gesagt haben. Aus gleicher Vorsicht werden sie auch nichts Positives über die prominente Bettnachbarin sagen, sofern es überhaupt Positives mitzuteilen gibt, so lange Perwuschkin im Raum ist. Sie würden gewiss nichts anderes und auch nicht mehr erzählen, schickte ich ihn vor die Tür. Sie wollen offenkundig in Ruhe gelassen und nicht Teil des Falles Timoschenko werden, egal, wie dieser ausgeht.

Perwuschkin gibt einen Einführungsvortrag über die 1927 gegründete Kolonie, und als ihm sage, dass ich bereits das Museum in seiner obersten Dienstbehörde in Kiew besichtigt habe, erwähnt er mit merklichem Stolz, dass sie die Vorlage dafür geliefert hätten. Sie, hier in Charkiw, hätten als Erste damit begonnen, die Geschichte der Einrichtung zu dokumentieren. Ferner ist ihm wichtig zu betonen, was bereits sein Chef Sidorenko in Kiew tat, dass nämlich

Oberst Perwuschkin und sein Stellvertreter

die Strafvollzugseinrichtungen nach entsprechenden Vereinbarungen mit der EU aus dem Innenministerium herausgelöst und dem Justizministerium unterstellt wurden. Und auch das höre ich nicht zum ersten Mal: Die Einrichtungen sind unterfinanziert, deshalb würde dort produziert. Natürlich nicht nur, um die Betriebskosten der Haftanstalt zu erwirtschaften, sondern auch um die Inhaftierten sinnvoll zu beschäftigen und ihnen die Möglichkeit zu geben, Geld für sich selbst zu verdienen. Damit könnten sie beispielsweise in der Verkaufseinrichtung, die wir anschließend ebenfalls besichtigen werden, Lebensmittel, Kosmetika und andere Dinge erwerben.

Die uniformierte Frau, die auf der Stuhlreihe an der Wand neben dem Adjutanten Platz genommen hat, nickt bei den Stichworten Beschäftigung und Erziehung merklich. Es ist, wie ich erfahre, Dr. Oksana Koshliz, die Psychologin der Anstalt, auf deren Schulterstücken zwei Sterne zu sehen sind.

Die Anstalt, führt der Oberst aus, wobei er seine detaillierten Ausführungen durch gelegentliche Anrufe auf dem Handy unterbricht, bestehe aus drei Bereichen. Den ersten, außerhalb des eigentlichen Gefängnisses, hätte ich schon durchfahren. Dort, sie würden das »soziale Rehabilitation« nennen, seien jene Frauen untergebracht, die in der Stadt arbeiteten, etwa im Betonwerk, in der Holzverarbeitung, in Malerbetrieben und ähnlichen privaten und staatlichen Unternehmen. Ein lockerer Vollzug sei das. Innerhalb des geschlossenen Gefängnisses gebe es zwei Bereiche, einen mit einem vergleichsweise minimalen Sicherheitsniveau und einen für Frauen, die

Blick in die Produktionshalle der Schneiderei

zu einer lebenslangen Haftstrafe verurteilt worden sind. Davon gebe es derzeit 21. Ingesamt hätten sie rund tausend Verurteilte hier, zu Sowjetzeiten waren es dreimal so viele. Wir werden später auch die Schlafsäle besichtigen. Dort, wo heute eine Liege steht, standen früher Doppelstockbetten, sagt der Leiter.

Wie sei das mit der Arbeit. Wäre die freiwillig?

Laut Gesetz müssen alle arbeiten.

Perwuschkin langt aber vorsichtshalber nach einem Papier, um nichts Falsches zu sagen und zitiert dann aus dem Paragrafen 118 des Strafvollzugsgesetzes. Der gestattet nur drei Ausnahmen: wenn das Rentenalter erreicht ist, der Aufenthalt bereits 25 Jahre währte, oder Krankheit. Letzteres träfe ja bei Frau Timoschenko zu.

Der Oberst legt den Gesetzestext beiseite, er hat neutral zitiert, wie er sich überhaupt sehr wertfrei äußert, wenn das Gespräch auf seinen prominentesten Gast kommt. Natürlich sei er unverändert für sie zuständig, auch im Krankenhaus bewachten sie seine Mitarbeiter rund um die Uhr. Für ihn ist die Angelegenheit, scheint es, mehr eine verwaltungstechnische, da ist er gänzlich Staatsdiener und emotionslos. Stunden später, als er zum Essen in der Betriebskantine im äußeren Ring bittet und damit den offiziellen Teil beendet, wird er persönlich. Er freue sich auf die Zeit danach, nach dreißig Jahren hinter Gittern.

Er hat faktisch lebenslänglich, sage ich, worauf er nickt. Was er dann machen werde, erkundige ich mich. Leben, sagt er, einfach nur frei leben.

Sein Verhältnis zu den deutschen Ärzten, die alles kontrollierten und regelmäßig vorbeischauten, sei »normal«, sagt er. Sie machten ihren Job und er den seinen. Wiederholt fällt der Name Lutz Harms. Dieser habe auch die Überführung von Timoschenko ins Krankenhaus begleitet.

»Hat Frau Timoschenko hier Privilegien gehabt?«

»Njet«, sagt der Oberst, wobei er das kategorische Nein sofort relativiert. Sie wäre ja nicht in einer Zelle, sondern in einem Wohnblock gewesen.

»Aber sie hätte eigentlich doch arbeiten müssen.«

»Ich bin kein Arzt, ich kann das nicht beurteilen«, antwortet er. »Wenn sie sagen, dass sie krank und damit arbeitsunfähig ist, dann ist das so.«

Ich lache, als er noch nachlegt, dass Anfang des Jahres ohnehin weniger Aufträge hereinkämen, die Betriebe wären dann nicht ausgelastet.

»Es gibt ein Gesetz, dass zur Arbeit verpflichtet. Sie haben daraus vorgelesen. Sie sind der Chef hier und müssen es durchsetzen. Unmittelbar nach Einlieferung von Timoschenko war deren Gesundheitsproblem nicht so akut wie schon wenige Tage später. Behandelte man sie doch nicht ein wenig privilegierter als andere Häftlinge?«

Perwuschkin zögert, dann räumt er ein. »In gewisser Weise schon, ja.«

Nun ja, und dann habe sie sich nicht mehr bewegt oder bewegen können. »Ich kann nicht beurteilen, ob sie aus politischen oder aus medizinischen Gründen nicht mehr habe gehen können. Wenn die Ärzte sagen, dass sie krank ist, dann habe ich das zu respektieren.«

Dann entsinnt sich Perwuschkin eines Schriftstücks, das Timoschenko an die Anstaltsleitung

Die Kirche im Innenhof der Anstalt

unmittelbar nach ihrer Belehrung als Strafgefangene gerichtet hat. Wie üblich habe man sie nach der Einlieferung über ihre Rechte und Pflichten in Kenntnis gesetzt, auch wie sich das mit der Rentenversicherung verhalte, wenn man hier arbeitet. In ihrem Brief habe sie mitgeteilt, dass sie nicht arbeiten werde, wie sie sich auch nicht dem Gefängnisregime unterwerfen wolle, sie wäre zu Unrecht verurteilt.

»Wo ist der Brief?«

»In ihrer Akte.«

»Ist diese hier.«

»Ja.«

»Kann ich sie sehen?«

»Nein. Das dürfen nur Mitarbeiter.«

Danach, bevor es zum Rundgang geht, wechseln wir ins Arbeitszimmer der Psychologin. Dort ist ein Imbiss vorbereitet, wonach mir aber nicht der Sinn steht. Ich knabbere höflich am Mischka-Konfekt und nippe am Instantkaffee, während mir der Oberst erläutert, was er mir zeigen wird. Den Grund für diese zeitdehnende Übung nennt er mir auch: Die Frauen machen gerade Mittagspause. Offenkundig ist es ihm lieber, ich sehe sie bei der Arbeit statt beim Essen im Speisesaal. Warum auch immer. Der Saal ist groß und geräumig, wie ich mich später überzeugen werde, die Küche sauber und modern, die Bäckerei daneben ein wenig aus der Zeit gefallen, aber das helle Kastenbrot, das ich zu kosten aufgefordert werde, ist kross und sehr schmackhaft.

Wir erheben uns, es formiert sich ein Pulk von etwa einem halben Dutzend Männern in Uniform. Die einzige Frau ist die Psychologin, sie trägt während des ganzen Rundgangs eine rote Kladde unterm Arm, in die mehrere A-4-Blätter eingeschoben sind. Vielleicht ist das der Ablaufplan. Sie ist um die Vierzig, ihre Augen liegen tief in den Höhlen, die dünnen blonden Haare reichen bis zur Schulter. Der dunkle Uniformrock endet eine Handbreit überm Knie, der Blick auf die sportlichen Waden ist gänzlich frei. Ihr Auftritt ist selbstbewusst und zurückhaltend zugleich, wenn der Chef winkt, liefert sie sofort die verlangte Erklärung.

Ihr Vorgesetzter zieht ein Bein nach, ich will nicht fragen, ob er sich im Dienst eine Verletzung zugezogen hat. Die Behinderung macht ihm aber sichtlich zu schaffen, denn als wir durch die Berufsschule ziehen, Lehrkabinette besichtigen und die Therapie- und andere Ausbildungsräume besichtigen, bleibt er zurück. Vielleicht ist es auch nicht sein Revier, denn in der Uniformschneiderei, wo der Betriebschef uns alle Winkel zeigt, ist Perwuschkin ebenso dabei wie in der Kirche, der Küche, dem Klubraum, den Schlafsälen und schließlich, gleichsam als Höhepunkt der Führung, im Wohnbereich von Timoschenko. Warum er nie den Begriff »Zelle« benutzt, wird mir dort bewusst.

Vor der Schneiderei stehen und hocken etliche rauchende Frauen. Sie verkrümeln sich umgehend, als sie des uniformierten Pulks ansichtig werden. Drinnen rattern die Nähmaschinen, überlagert von Musik. Man zeigt mir die ganze Produktionsstrecke vom Stoffballen bis zur Endkontrolle. In einem Raum sind alle Kleidungsmuster aufgereiht, die man im Angebot hat, die Bandbreite reicht von Militär bis zivil.

Die Frauen, in der Mehrheit in den 20ern, sind verschieden gekleidet, sie tragen unterschiedlich geschnittene Schürzen und Kopftücher, die Farbe blau dominiert. Konzentriert sitzen sie an den Maschinen, sie beachten mich scheinbar nicht, doch sobald ich zur Kamera greife, heben sie die Hand.

Die jüngsten Häftlinge sind 18, sagt der Oberst. Davon hätten sie drei.

Warum sitzen sie ein, frage ich ihn.

Sie haben Handys geklaut, sagt er.

Und dafür gleich hinter Gitter?

Er hebt die Hände. Das Urteil hat ein Richter gefällt, nicht er.

Die Psychologin holt ein wenig weiter aus. Sie hätten unter den Mädchen viele ohne Berufsausbildung und sogar Analphabeten. Sie lernten hier Lesen und Schreiben und einen Beruf, von dem sie später exis-

Dr. Oksana Koshliz, die Gefängnispsychologin (M.)

tieren könnten. Auf die Erziehung lege man großen Wert.

Im Innenraum des Gefängnisgevierts befinden sich Grünflächen und Blumenbeete. Die neu errichtete Kapelle erhebt sich vor einem Wandbild auf rotem Putz, das zu Sowjetzeiten Kunststudenten als Diplomarbeit anfertigten. Hinter dieser Wand befinden sich im Obergeschoss der Klubraum, zu ebener Erde die Küche, die Bäckerei und der Speisesaal. Im Flügel auf der linken Seite des Gartens sind der Laden, Ausbildungsräume und Schlafsäle untergekommen, zur Rechten befinden sich die Produktionsstätten und auf der gegenüberliegenden Seite Schlaf- und Aufenthaltsräume sowie ein Sportraum, die ich schon bald begutachten darf. Im Geschoss über dem Fitness-Raum sind zwei vergitterte Fenster zu sehen. Dahinter war *sie*.

Alles aus der Produktion

Vor jenem Block flattert Wäsche zum Trocknen im Wind, Jeans, Blusen, Höschen. Man könnte bezweifeln, sich im Gefängnis tief in der Ukraine aufzuhalten. Das ganze Ambiente wirkt sehr zivil und dürfte wohl kaum für mich oder andere auswärtige Besucher hergerichtet worden sein. So viele lässt man nicht herein, und zweitens: Frau Timoschenko war nur vier Monate hier, und an ihre Rückkehr glaubt eigentlich niemand so richtig. Sie wird sich sehr, sehr lange behandeln lassen, und irgendwann wird es die Obrigkeit leid sein, ständig in dieser Sache vom Westen kritisiert zu werden. Man wird vermutlich sagen: Nehmt sie hin, aber lasst uns bitte in Ruhe.

Am gegenüberliegenden Ende, im Schatten einiger Bäume, sitzt eine Gruppe älterer Frauen in blauen Kitteln. Sie halten ein Schwätzchen, verkrümeln sich aber wie schon zuvor im Hof die anderen. Ich weiß nicht, ob sie Order haben, sich zu entfernen, wenn Fremde kommen, oder ob es ein Reflex des Selbstschutzes ist. Wer nicht gefragt werden kann, muss auch nicht antworten.

Beim Betreten des Kapellchens ohne Gestühl bekreuzigt sich der Herr Oberst und sagt dann, es wäre ein Gotteshaus für alle Konfessionen. Hier können die Frauen innere Einkehr halten, so sie es denn möchten. Die Wände sind übersät mit Ikonen und Heiligenbildern, nur brennende Kerzen sieht man nicht. Es wird dafür Gründe geben.

Sodann geht es durch den ersten Saal mit vielleicht sechzig Betten. Das weiße Bettzeug ist wie mit dem Lineal glatt gezogen, auf jedem Nachtschrank die gleiche Grünpflanze, daneben ein Hocker in

Wäschetrockenplatz. Die vergitterten Fenster rechts hinten gehören zur Timoschenko-Zelle

unschuldigem Weiß wie alles hier – bis auf die Wände, die verschiedene Grüntöne tragen.

Danach besichtigen wir einige Lehrräume und die Psychokabinette, dort warten bereits Ausbilder und Psychiater in Uniform und in Zivil, bereit, auf meine Fragen zu antworten, so ich welche hätte. Ich stelle sie auch, etwa: Was es mit diesem Raum auf sich habe, wo blaue Schabracken an den Fenstern und Tücher von der Decke hängen, einige Sessel im Halbrund stehen und auf dem Boden Kissen liegen. Eine junge Frau mit Zopf und Brille, die sich als die Stellvertreterin von Frau Dr. Koshliz vorstellt, erklärt mir den tiefenpsychologischen Sinn des Interieurs. Hier würden, unter anderem, auch die einfühlsamen Vorbereitungsgespräche auf das Leben nach der Haft geführt, sagt sie, zum Beispiel wie man sich in einem

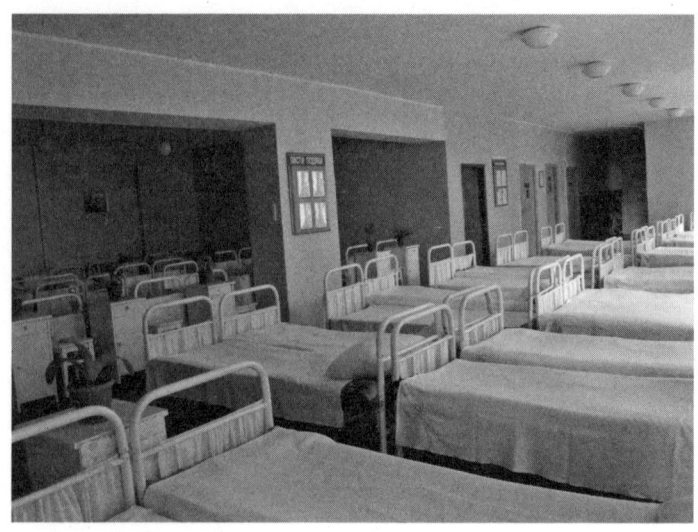

Ein Schlafsaal für etwa 60 Frauen

Vorstellungsgespräch präsentiere. Ich gebe mich überrascht. In Deutschland, sage ich erheitert, säße man beim Bewerbungsgespräch in der Regel auf einem Stuhl und nicht auf einem Kissen. Naja, sagt sie leicht errötend, das wäre auch in der Ukraine so. Hier würde man auch Gespräche zur Entspannung führen, wenn jemand einen »Knastkoller« bekäme. Im Raum nebenan laufen zum gleichen Zweck auf einem leinwandgroßen Plasmabildschirm Filme mit Bildern vom Urwald, in dem beruhigend Wassertropfen auf Laub trommeln und exotische Vögel kreischen, und auf einem anderen kann man dem Gesang der Wale lauschen und beobachten, wie sie gemächlich ihre massigen Leiber durch die blaue See schieben.

Überhaupt Blau: Die Farbe in allen Tönen und Schattierungen beherrscht das gesamte Gefängnis. Hier müssen Psychologen am Werk gewesen sein.

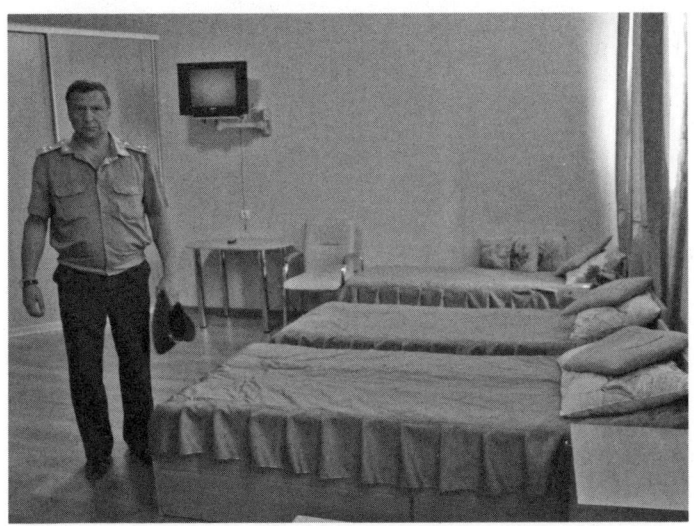

Zelle von Timoschenko, ihr Bett steht an der Wand

Blau, das weiß man, wirkt beruhigend und entspan-
nend, baut Stress ab und sorgt für Regeneration und
Erholung. Blau ist der Himmel und das Meer, sie
stehen für Weite und Freiheit, für Harmonie und
Freundlichkeit.

Im nächsten Block sind die Schlafräume erheblich kleiner, die Betten tragen Namensschilder und
auf den Nachtschränkchen steht Individuelles. An
der Stirnseite hängt sogar ein Fernseher an der
Wand. Zu dem Schlafsaal gehören noch ein Aufent-
haltsraum, eine Küche mit diversen Schließfächern,
in denen die Frauen ihre privaten Lebensmittel
unterbringen, sowie zwei Lagerräume. In dem einen
stapeln sich Koffer und Säcke mit privater Kleidung,
in dem anderen stehen die Schuhe. In dem fenster-
losen Raum riecht es wie in meiner Marinezeit im
Vorschiff, weshalb es flugs weitergeht. Wir schlen-

dern hinüber zu dem bewussten Block, der eine zusätzliche Sicherung hat: Vor dem Eingang ist eine Art Käfig gepflanzt. Die verschlossene Tür wird aufgesperrt, nachdem ich – die Dramaturgie ist wirklich exzellent – den Sportraum hinterm Wäschetrockenplatz besichtigt habe. Dann aber folgt der Höhepunkt: Timoschenkos Zelle.

Wir passieren zwei, drei Eichentüren, die jedem Hotel zur Ehre gereichen würden, der Flur ist gefliest, die Wände in Beige frisch gestrichen. Der Schlüssel fährt ins Schloss, die Holztür – keine Stahltür etwa wie in Kiew – geht auf. Der Blick fällt in eine, ja, Zelle ist unzutreffend. Es ist ein holzgedielter Wohnraum mit drei Liegen, deren Überzüge im gleichen hellen Ocker gehalten sind wie die Vorhänge an den beiden Fenstern. Dazu eine Küchenzeile mit Kühlschrank und Mikrowelle. Und eine eingebaute Nasszelle mit

Das Angebot in der Verkaufsstelle

verglaster Dusche und Bidet. Die gelbe Toilettenbrille will zu den rosa Kacheln nicht so recht passen, aber ansonsten würde ich sagen: drei Sterne. Elektronik gibt es auch in Gestalt eines Fernsehgerätes und einer Überwachungskamera über der Liegestatt von Frau Timoschenko an der Wand. Im Eckregal zwischen Tür und Einbauschrank finden sich die obligatorischen Heiligenbilder und auch einige Bücher.

Als sie sich ihrer Gebresten bewusst wurde, richtete man nebenan einen Behandlungsraum ein. Den darf ich auch sehen. Massagebank, gynäkologischer Stuhl und einige Gerätschaften, deren Sinn und Zweck ich als medizinischer Laie nicht zu beurteilen vermag, sind dort zu sehen, und Oberst Perwuschkin sagt, es wäre noch viel mehr Technik vorhanden gewesen, auch welche aus dem Westen, die habe aber das Krankenhaus mitgenommen, viel-

Und das für den psychologischen Aufbau

leicht weil sie dort solche Gerätschaften nicht be-
saßen, aber für ihre spezielle Patientin benötigen.

Natürlich bin ich mir bewusst, dass dieser Raum
nur noch für Leute wie mich gehalten wird, denn
Timoschenko kommt geheilt oder gar nicht wieder,
und die beiden anderen Frauen müssen den An-
staltsarzt in dessen Praxis aufsuchen, er wird nicht
ihretwegen hier erscheinen: Sie sind nicht Gasprinzessin und Ministerpräsidentin gewesen.

Der »Zelle« gegenüber ist ein kleiner Raum, in
welchem ein Tisch mit zwei Stühlen steht. Hier habe
sie ihren Besuch empfangen, vornehmlich ihre Anwälte. Und wozu die Pritsche und die beiden weißen
Kittel, die daneben über dem Bügel hängen?

Perwuschkin ist sich über deren Funktion auch
nicht so recht schlüssig, vielleicht ist das Dekoration
wie der Wasserkocher auf dem Hocker in der Ecke.

Timoschenko-Block mit den zwei vergitterten Fenstern

Wir müssen beide lachen.

Zu guter Letzt schauen wir uns noch den Speisesaal an, den Timoschenko nie besuchte. Sie ließ sich
ihr Essen wie schon in Kiew aus einem Restaurant
bringen. Der Saal ist beachtlich, aber nicht riesig,
Wachstuchtischdecken sind über die Tische gebreitet, daneben stapeln sich Plastikhocker übereinan-
der.

*Ihr Bett, rechts oben die Überwachungskamera, und
die Wände beige tapeziert*

An der Wandseite, natürlich in Blau, befinden sich die Fenster für die Essenausgabe, die nun verschlossen sind. In der einen ist auf einem Tablett das heutige Menü zu besichtigen. Brot, Suppe und irgendein Kartoffelgericht, das jetzt, gegen drei, nicht mehr ganz appetitlich ausschaut. Die Küchenchefin mit weißer Haube und verbundenem rechten Unterschenkel wechselt mit dem Oberst ein paar Worte, er hört's sich an und greift dann zum Handy. Unterdessen stecke ich meine Nase in die Küche und winke den Kochtöpfen, hinter denen sich einige Mädchen verstecken. Sie kichern und winken zurück.

Im nächsten Raum bullert ein mit Holz beheizter Backofen, am Fenster steht eine ältere Frau in blauer Kittelschürze, sie kratzt mit einem Spachtel die Backformen aus. Ich frage sie, ob sie damit einverstanden ist, dass ich sie fotografiere. Sie willigt ein, zeigt mir aber, egal, von welcher Seite ich ihr komme, stets die Schulter. Auf dem Tisch daneben,

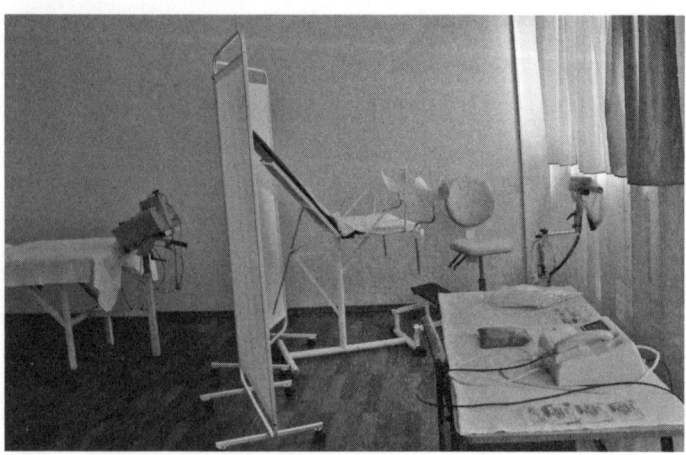

Timoschenkos Behandlungszimmer nebenan

welche Überraschung, liegen auf einem Teller frisch geschnittene Brotscheiben. Perwuschkin fordert mich zum Kosten auf und stippt seinen Streifen in den Napf Öl, der dabeisteht. Es schmeckt wirklich köstlich, doch auch im Gefängnis lebt der Mensch nicht nur vom Brot allein.

Es folgen Klubraum, Bibliothek, Museum und Arbeitsräume, in einem zeigt mir eine Hübsche mit Dutt ihre handgefertigte Kollektion: Die reicht vom gestickten Marienbild bis zu drolligen Plüschtieren. Als ich mich verabschiede, drückt sie mir noch einen gestickten Schlips in die Hand; ich bin ihr auch dafür dankbar, dass sie ihn mir nicht noch anlegt.

Ganz zum Schluss gibt es dann, wie schon erwähnt, das Festgelage im äußeren Ring. Offenkundig wurde statt meiner eine ganze Kompanie erwartet, auch wenn nur vier Stühle an der Tafel stehen.

Besucherraum, grüne Tapete, rechts die Liege, auf der die Fotos mit den Hämatomen arrangiert wurden

165

In der Backstube

Aber dort ist nicht einmal mehr Platz für ein Wasserglas, Schüssel reiht sich an Schüssel, und in jeder schwimmt oder stapelt sich eine Köstlichkeit, die ich unbedingt kosten müsse. Es ist wie in Sowjettagen. Mit einem einzigen, aber erheblichen Unterschied: Es wird kein Wodka gereicht. Solche Feiern gehörten damals zum anstrengendsten Teil der Dienstreisen, die deutsch-sowjetische Freundschaft war erst eine, wenn sie mit Hochprozentigem begossen wurde.

Allein schon wegen der Abwesenheit von Samogonka, dem selbstgebrannten Hochprozentigen, wird mir auf ewig der Besuch im Frauengefängnis in Charkiw in angenehmer Erinnerung bleiben.

Ich will nicht annehmen, dass er nur deshalb fehlt, weil ich noch ins Krankenhaus muss, sondern dass er Ausdruck der neuen Zeit ist wie das goldene Kreuz, das am Hals von Oberst Perwuschkin baumelt. Jetzt, wo die Anspannung abfällt, hat er sich den obersten Hemdknopf geöffnet, da sieht man es besonders gut.

Die Dewuschka aus der Küche räumt die leeren Teller ab. Söhnchen, fragt sie mich besorgt, als müsste ich noch bis nach Berlin laufen, bist du auch wirklich satt?

Ich haue zum Beweis auf meinen gespannten Bauch und blase überdies noch die Wangen auf.

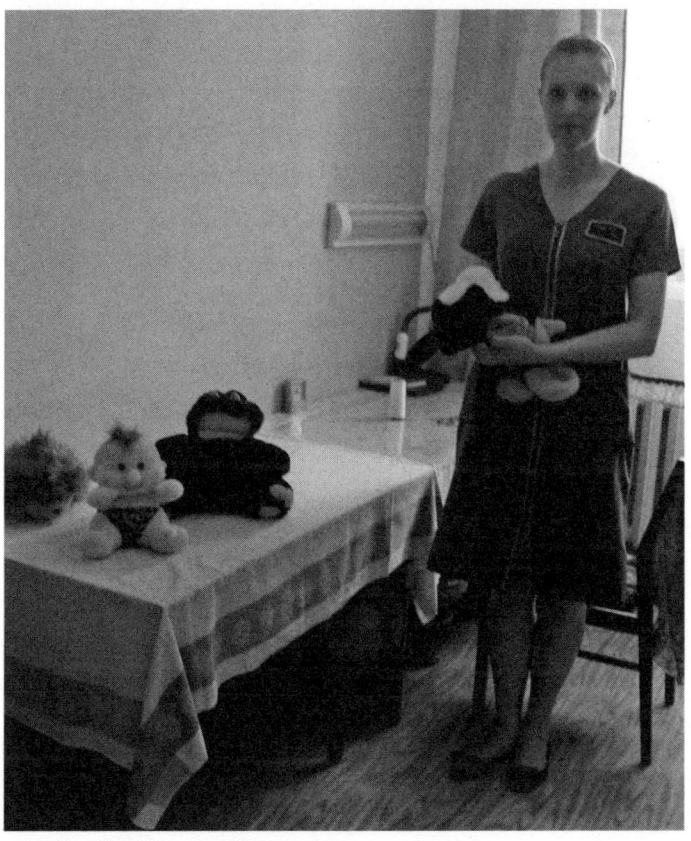

In der Plüschtierwerkstatt

Draußen greift Oberst Perwuschkin wieder zum Telefon. Der Wagen, der mich in seine Außenstelle bringen soll, ist noch nicht da. Wie ich mitbekomme, gibt es irgendwelche technischen Probleme. Er telefoniert Ersatz herbei, so habe ich noch Zeit, das Frauengefängnis von außen zu fotografieren. Gegenüber ist der Timoschenko-Block, die beiden vergitterten Fenster sind auch von hier gut zu sehen.

Eines müsse er mir zum Schluss noch verraten, sage ich, ehe ich in den quietschenden Wolga steige. Er ist doch im Grund seines Herzens ein heiterer, gelassener Mensch, und auch die meisten seiner Kollegen, die ich sah und sprach, scheinen aus gleichem Holz geschnitzt. Warum blickten sie alle so finster auf jenem Gruppenbild von 2010, das ich in der Ahnengalerie im Museum sah? Selbst ihre Vorgänger auf dem 1945 gemachten Foto zeigten freundlich lächelnd die Zähne.

Ach, sagt er, das lag nur am Wetter.

Gottlob, sage ich, ich dachte schon, es sei was Ernstes.

Perwuschkin klopft aufs Blech. Poschli!

Eisenbahnerkrankenhaus

Der alte Wolga nimmt jede Delle. Und davon gibt es auf dem Weg quer durch die Stadt nicht wenige. Das Gefährt ächzt und quietscht, es klappert und knarrt. Der Fahrer feixt. Ich frage ihn, ob er früher einen T 34 gefahren habe. Da feixt er noch mehr. Nein, einen Schützenpanzerwagen, und mit dem habe er sogar an einer Parade in Magdeburg teilgenommen.

Das müsse 1980 gewesen sein, sage ich, nach dem Manöver »Waffenbrüderschaft« – es war das letzte große des Warschauer Vertrages auf DDR-Gebiet.

Das kommt hin, antwortet der Pilot, und hebt sofort an, von seiner Armeezeit in der GeDeEr zu schwärmen. Das passiert mir nicht zum ersten Mal. Obgleich doch die Rekruten in der Gruppe der Sowjetischen Streitkräfte (GSSD) kaum mehr als ihre Kaserne sahen, von Arbeitseinsätzen und Manövern einmal abgesehen, erscheint ihnen jene Zeit noch immer wie ein Ausflug ins Paradies.

Warum er so rase, frage ich, denn im Krankenhaus erwartet mich nur dessen Klinikchef. Michail V. Afanasjew hatte keine Uhrzeit genannt, ich könne am frühen Nachmittag vorbeischauen, er wäre im Hause und habe keine Termine, also für mich Zeit.

Mag ja sein, sagt der Fahrer und nimmt mit Schwung die nächste Fuge, er habe jedoch vier Taschen für Timoschenko im Kofferraum, die müsse er so rasch wie möglich abliefern.

Von wem habe er die?

Er hebt die Schultern.

Verstehe. Und deshalb werde er mir auch nicht sagen, was darin ist.

»Koneschno.«

Das heißt also: natürlich nicht.

Ob er häufiger Privatsendungen für Timoschenko vom Gefängnis ins Krankenhaus befördere?

»Da«, sagt er und grient vielsagend.

Ich wage einen letzten Vorstoß und erkundige mich, ob ich nicht wenigstens die Taschen fotografieren könne.

»Njet.«

Er wird sich strikt daran halten. Erst als ich im Eingang des Hospitals verschwunden bin, vor dem er gehalten hat, wird er den Kofferraum öffnen. Behaupte keiner, dieser Kurier sei nicht korrekt.

Das Rumpeln lässt nach, der Wagen schnurrt plötzlich, wenngleich auch nur kurzzeitig, über eine ebene Betonpiste. Deutsche Qualitätsarbeit, sagt er und reckt den Daumen. Die Straße haben Kriegsgefangene gebaut.

Das muss nicht sein, denke ich, und schlucke meine Widerrede hinunter.

Auf unserer Rückfahrt zum Bahnhof wird mich Oksana Koshliz begleiten, sie nahm am Gespräch mit Afanasjew im Hospital teil. Für mich kam es ein wenig überraschend, als sie auf einmal im leichten Sommerkleid im Vorzimmer des Klinikchefs auftauchte. Vielleicht hatte ich es auch nur überhört, dass die Psychodoktorin des Frauengefängnisses mich auch durch die Klinik begleiten wollte. Sie hatte von einem Stuhl am Fenster unseren Dialog verfolgt. Dabei entging mir nicht, wie sie auf eine Bemerkung reagierte. Auf das belastete Verhältnis von Deutschland und der Ukraine verweisend, hatte ich gesagt: So lange der Brunnen steht, der 1947 zur Erinnerung an die Opfer der faschistischen Besatzung im Park des Sieges errichtet wurde, so lange sollten sich auch deutsche Ärzte ein wenig in Zurückhaltung üben beim Erteilen von Vorschriften. Im Auto nun begann sie unvermittelt von ihrer Großmutter zu erzählen, die als 13-jähriges Mädchen als »Ostarbeiterin« nach Deutschland verschleppt worden war, um dort bei einer Bauernfamilie zu arbeiten. Sie könne mir nicht sagen, wo genau das gewesen sei, denn für das Thema habe sie sich erst interessiert, als die Oma bereits tot war. Sie wisse nur, dass die deutsche Familie – weil sie ein schlechtes Gewissen oder ein gutes Herz hatte – dem Mädchen bei seiner Heimkehr einige Koffer mit Kleidung mitgab. Allein damit hätte ihre Familie die schwere Nachkriegszeit in der Ukraine überlebt, indem sie die deutschen Sachen auf dem Schwarzen Markt gegen Lebensmittel eintauschten. – So aberwitzig kann Geschichte mitunter sein …

»Kolja«, ruft der Fahrer und beugt sich über mich, nachdem er mich aufgefordert hatte, die Scheibe auf der Beifahrerseite herunterzukurbeln. »Kolja!«

Seine Ansprache gilt dem Mann hinter dem Lenkrad eines Lieferwagens, der neben uns fährt. Der Blechstrom mündet ungeordnet in einen Kreisverkehr, und mein Panzerfahrer bittet den Fahrer nebenan, uns, das heißt seinen Wolga, vorzulassen, damit er die nächste Ausfahrt nehmen kann. Der Lkw lässt wunschgemäß eine Lücke, wir schlüpfen hinein und aus der hupenden, dampfenden, stinkenden Spirale hinaus.

Ob er den Fahrer gekannt habe.

»Wieso?«

»Weil du ihn mit seinem Vornamen angesprochen hast.«

Er stutzt, dann lacht er. In Charkiw hießen alle Fahrer »Kolja«.

Der Weg nach Norden, wo sich in einem Waldstück das Krankenhaus befindet, führt vorbei an alten und neuen Betrieben. Das da sei die FED, die traditionelle Kamerafabrik, wirft »Kolja« ein und weist nach rechts, wo sich jenseits der Straßenbahngleise eine Reihe von Backsteinbauten hinzieht. FED ist das Kürzel aus *Trudkommuna imeni F. E. Dzierzynskowo*, so hieß die 1927 von Makarenko gegründete Arbeitskommune für Waisenkinder, die nach dem im Jahr zuvor verstorbenen Begründer der Tscheka benannt wurde. Sie bauten dort die berühmte Leica nach, im Übrigen erheblich mehr, als das deutsche Unternehmen Leitz in Wetzlar jemals produzierte. 1939, im Jahr des Kriegsbeginns, feierte man hier in Charkiw die Fertigstellung der 100.000. Fedka. Nach dem Krieg setzte man die Produktion fort und entwickelte auch eigene Modelle, etwa Stereokameras. Heute ist man mit der FED 5B und 5C gut im Geschäft, eine Adaption der alten Leica. Retro und Nostalgie sorgen offenkundig für eine beachtliche Nische auf dem Weltmarkt der Digitalkameras.

»Koljas« Wolga vorm Eisenbahnerkrankenhaus

Der Wolga biegt schließlich in die Balakirjeva ein, Staub wirbelt auf, jetzt wird's erstmals richtig wild und russisch. Im Pawlow-Feld, am Rande der Stadt, ist der Medkomplex, und ein Haus davon das Zentralkrankenhaus der ukrainischen Eisenbahner. Um den neungeschossigen Plattenbau windet sich ein zwei Meter hoher Metallzaun, bekränzt von ziemlich gefährlichen Spitzen. Links von der Einfahrt flattern Fahnen und Transparente, im Schatten eines Baumes sitzt ein halbes Dutzend Frauen, die eine in ihrem vorgerückten Alter eher ungewöhnliche Gewandung tragen. Sie haben sich weiße T-Shirts übergestreift, auf denen das bunte Konterfei von Timoschenko und darunter der Schriftzug zu sehen ist: »Free Julia«.

Diese T-Shirts scheinen Konjunktur zu haben, denn auch in Kiew und anderswo waren sie zu besichtigen. Damit wurden offensichtlich ganze Armeen von Rentnern und Obdachlosen ausgestattet. Später wird mir der Klinikchef sagen, dass die bezahlten Protestierer im Mai Gänge und Flure im Hause belagert hätten, was ihn veranlasste, die Miliz zu rufen. Unter diesen Umständen wäre ein normaler Klinikbetrieb unmöglich gewesen.

Das ausgesprochene Hausverbot wurde natürlich als eine politische Schikane interpretiert, weshalb einige Abgeordnete aus Timoschenkos Partei die Flure mit entsprechendem Presseaufgebot besetzten. Die Fotos sind noch immer auf der Homepage zu besichtigen (*http://byut.com.ua/photo/list/ 759.html*).

Wir fahren ohne Kontrolle durchs weit geöffnete Tor, eine Uniformierte lüpft nur kurzeitig das Gesäß von ihrem Stühlchen, das sie in den Schatten gestellt hat. Sie kennt »Kolja« und setzt sich wieder.

Dauerprotestierer vorm Krankenhausgelände

Der Wolga stoppt vorm Haus. Ich steige aus und bedanke mich. Er werde warten, sagt »Kolja«, wenn er seine Sachen übergeben habe. Er blinzelt mich an, was wohl heißt: Bursche, keine Tricks, ich behalte dich im Auge.

Am Rande des freien Platzes sitzen etliche Patienten und Besucher. Sie reden, rauchen oder telefonieren. Der verglaste Vorbau speit kontinuierlich Menschen aus, und ich frage mich, wie man hier Notfälle empfängt, denn dafür taugt dieser Eingang nicht, wenn es schnell gehen soll. Aber vielleicht gibt es auf der Rückseite eine entsprechende Zufahrt, die man von hier aus nicht sieht.

Der Plattenbau macht wahrlich keinen einladenden Eindruck. Der Zahn der Zeit hat merklich an ihm genagt. Im obersten Geschoss sind fünf Fenster vergittert, es sind die einzigen derart verzierten, und ich muss nicht meine Fantasie bemühen, wer dahinter Quartier genommen hat. Hier sind die Stäbe noch alberner als im Frauengefängnis: Glaubt man im Ernst, Timoschenko würde im neunten Stock aus dem Fenster steigen oder jemand von außen auf einer Feuerwehrleiter »Sdrastwuitje« rufen? Wobei zu bezweifeln ist, dass es überhaupt solch lange Leitern gibt. Aber vielleicht soll der Patientin damit nur gezeigt werden, dass sie sich unverändert hinter Schwedischen Gardinen befindet.

Ich betrete das Haus und bin doppelt überrascht. Erstens gibt es keine Rezeption, es herrscht völlig unkontrolliertes Kommen und Gehen. Und zweitens steht das Innere in völligem Kontrast zum Äußeren. Alles ist schick, modern und einladend. Im

Flur zur Linken amtiert der Direktor, wie ich der Hinweistafel entnehme, ich folge dem Pfeil und klopfe an. Auf akademische Titel legt man hierzulande, ganz anders als in meiner Heimat, offenkundig keinen Wert. Auf der zweisprachigen Visitenkarte, die er über den aufgeräumten Schreibtisch reicht, steht lediglich »Chief of the Hospital«.

Afanasjew trägt ein kariertes Hemd und keine Uhr, unter dem weißen, gescheitelten Haarschopf bewegen sich flinke braune Augen. Er sprich ruhig, überlegt, die gefalteten Hände ruhen vor ihm auf der Tischplatte. Die Wand hinter ihm erinnert mich an meine längst verkaufte Datsche unweit Berlins. Vermutlich aber ist das echte Buche, ich hatte nur Furnier.

Auf meinem Stuhl saßen schon sehr viele Gäste aus Deutschland, auch die Bundestagsabgeordnete der Grünen Viola von Cramon. Sie war vom 19. bis 21. Mai in Kiew und Charkiw und machte darüber auf ihrer Homepage öffentlich Mitteilung. »Fast täglich kommen internationale Gäste und unternehmen den Versuch, Frau Timoschenko zu besuchen. Einige ausgewählte, also möglicherweise die, die sich unmittelbar für weitere Sanktionen gegen die Ukraine einsetzen könnten, werden vom Justizministerium vorgelassen.«

Ich gehöre wie die Grüne ganz offenkundig nicht zu diesem Kreis, denn Afanasjew wiederholt die Absage, die mir bereits Sidorenko in Kiew erteilte. Wir könnten zwar zusammen die neunte Etage besuchen, sagt der Klinikchef freundlich, aber ein Gespräch mit Frau Timoschenko sei ausgeschlossen, sie befände sich überdies zur Stunde auch in Behandlung.

Frau von Cramon schlussfolgerte aus dem Gespräch mit Afanasjew: »Der Behandlungsplan liegt voll in Händen der deutschen Ärzte. Die gesamte neunte Etage wurde auf Wunsch der Ärzte aus Deutschland nach den neuesten medizinischen Erkenntnissen auch für die Reha ausgestattet. Frau Timoschenko macht bereits nach den ersten Tagen große gesundheitliche Fortschritte. Man merke, dass sie ihre alte Stärke zurückerlangen wolle. Die blauen Flecken seien ihr nicht von Ärzten zugefügt worden.«

Die »blauen Flecken« hatten in deutschen Medien für Furore gesorgt, die Fotos gingen wieder und wieder durchs Fernsehen und alle Zeitungen. Frau Timoschenko liegt dort auf einer Pritsche, die unschwer – wegen der grünen Tapete – als die Liege im Besucherzimmer im Frauengefängnis zu identifizieren ist. Unter ihrem Kopf ist das hellbraune Kopfkissen aus ihrem Bett in der »Zelle«, die der »Fotograf« offenkundig nicht betreten durfte.

Julija Timoschenko schiebt ihren grauen Pullover leicht über den Nabel und legt die flache Hand auf den Bauch, während sie mit der Rechten den über ihren Unterleib gebreiteten modischen Mantel nach unten schiebt, züchtig bis etwa drei Zentimeter über der Scham. In Höhe der Hüfte ist eine etwas dunkle Stelle zu entdecken, die man mit einiger Fantasie als Hämatom interpretieren kann. Der blonde Zopf liegt dekorativ im Vordergrund über ihrem Busen, auf dem Bett ein rotes Brillenetui (von der nicht billigen italienischen Modemarke Moschino) und ein blaues Notizbuch, in das ein Kugelschreiber geschoben ist, was suggeriert: Sie arbeitet.

Das Ganze ist wahrlich ein gekonntes Arrangement, bei dem jedes Detail bedacht ist. Und alles in Serie. Es gibt nämlich noch drei weitere Motive: eine Nahaufnahme dieses Flecks sowie den entblößten linken Unterarm von oben und diesen von unten mit vermeintlichen Hautabschürfungen. Die vier Fotos wurden von der *Ukrainskaja Prawda* erworben – von wem auch immer – und an die Nachrichtenagentur *AFP* verkauft und von dieser in alle Welt verbreitet. Zu den unmittelbaren Reflexen gehörte die Absage einer Reise des Bundespräsidenten Gauck nach Jalta. Er wollte sich dort nicht mehr mit dem ukrainischen Präsidenten treffen.

Die Herkunft dieser »blauen Flecken« – die deutsche Presse sprach von »Misshandlungen« – ist umstritten. Während der Generalstaatsanwalt Pshonka erklärte, dass diese laut Befund der Mediziner nicht *beim* Transport vom Gefängnis ins Eisenbahnerkrankenhaus entstanden seien (womit er objektiv Recht hat, so oder so), heißt es im Berliner *Tagesspiegel* am 25. April 2012: »Nach Darstellung Timoschenkos wurde sie am Freitag gegen ihren Willen ins Krankenhaus gebracht. Gegen 21 Uhr seien drei Männer in ihre Zelle gekommen, hätten ein Bettlaken über sie geworfen und sie unter Anwendung ›brutaler Gewalt‹ vom Bett gezerrt, berichtete Timoschenko in einer schriftlichen Erklärung. Sie habe sich gewehrt, so gut sie konnte, und dabei ›einen kräftigen Schlag in den Magen‹ bekommen. Ihre Arme und Beine seien verdreht worden, bevor sie im Bettlaken auf die Straße gezerrt worden sei. ›Ich dachte, das wären die letzten Minuten meines Le-

Klinikchef Michail V. Afanasjew

bens‹, erklärte sie. Wegen ›furchtbarer Schmerzen‹
sei sie bewusstlos geworden und erst im Krankenhaus wieder aufgewacht.«

Und das soll passiert sein, als Julija Timoschenko
wegen der internationalen Beobachtung wie ein
rohes Ei behandelt wurde?

Welche Straße meinte sie überhaupt? Die vorm
Gefängnis? Das sind, ich bin den Weg zu Fuß gegangen, einige hundert Meter. Und im Bettlaken? Da
hätte es gewiss nicht nur zwei Druckstellen gegeben.

Die Räuberpistole ist nach Kenntnis der Örtlichkeiten und der Umstände absolut hanebüchen. Aber sie wurde ungeprüft übernommen, wie man alles ungeprüft aus der PR-Abteilung von Timoschenko bereitwillig übernimmt, weil es Vorurteile und Erwartungen bedient. Frau von Cramon macht da keine Ausnahme.

Sie repetiert: »Insgesamt waren die Ärzte bzw. die Vertreter des Krankenhauses extrem bemüht, Rede und Antwort zu stehen, sie waren aber gleichzeitig unglaublich gehemmt, über die tatsächlichen Verhältnisse im Krankenhaus, über die politischen Zustände in der Ukraine, die vielen manipulierten Krankenakten und anderes zu sprechen. Es ist davon auszugehen, dass solche Gespräche im Büro des Direktors ebenfalls aufgezeichnet werden.«

Daraus lese ich: Die Autorin nimmt an, dass alle (oder die meisten) Gespräche, die sie führte, aufgezeichnet, d. h. abgehört wurden. Woraus schließt sie das? Weil sie es glaubt, oder weil sie es weiß? Als Vertreterin des deutschen Parlaments sollte man mit Verdächtigungen vorsichtig sein: Sie könnten politisch verstanden werden.

Sie glaubt ferner, Afanasjew & Co. haben ihr »die tatsächlichen Verhältnisse im Krankenhaus« vorenthalten – was sind ihrer Meinung die »tatsächlichen Verhältnisse«? Weiß sie mehr, als sie sieht? Hört sie auch das Gras wachsen und die Flöhe husten?

Und warum sollte sich Afanasjew mit ihr über »die politischen Zustände in der Ukraine« unterhalten wollen? Weil sie Abgeordnete des Deutschen Bundestages ist? Das machte auch mir wiederholt

Afanasjew deutlich: Er sei für die Gesundheit seiner Patienten verantwortlich, nicht für die Politik, er spräche nur über das, worin er sich wirklich auskenne.

Vielleicht wäre es nützlich, wenn auch deutsche Politiker so verfahren würden.

Und schließlich: Was hat es mit den »vielen manipulierten Krankenakten« auf sich, deren Existenz die grüne Bundestagsabgeordnete behauptet. Aus welcher Quelle schöpft sie ihr vermeintliches Wissen? Hat sie schon jemals eine solche in der Hand gehalten, in der Ukraine oder in Deutschland? Mal unterstellt, es gebe dort »manipulierte Krankenakten«: Warum sollte Afanasjew darüber ausgerechnet mit ihr sprechen? Frau von Cramon ist doch wegen Timoschenko erschienen und nicht, um in Krankenakten fremder Menschen zu blättern. Verärgert notiert sie: »Eine Chance, in den 9. Stock vorgelassen zu werden, um wenigstens einen Blick auf den Hochsicherheitstrakt werfen zu können, gab es noch nicht einmal ansatzweise.«

Ja sind wir denn hier im Zoo?

Michail Afanasjew setzt die Worte mit Bedacht und spricht von einem Kompromiss, den man gefunden habe. Nachdem Frau Timoschenko es abgelehnt hatte, von ukrainischen Ärzten behandelt zu werden, kam erst die internationale Kommission, dann die Abordnung aus der Charité. Sie hätten sich darauf verständigt, dass die deutschen Ärzte für die Behandlung zuständig wären, d. h. sie bestimmen Vorgehen und Technik, die Umsetzung aber erfolge durch Spezialisten aus der Ukraine. Prof. Lutz Harms

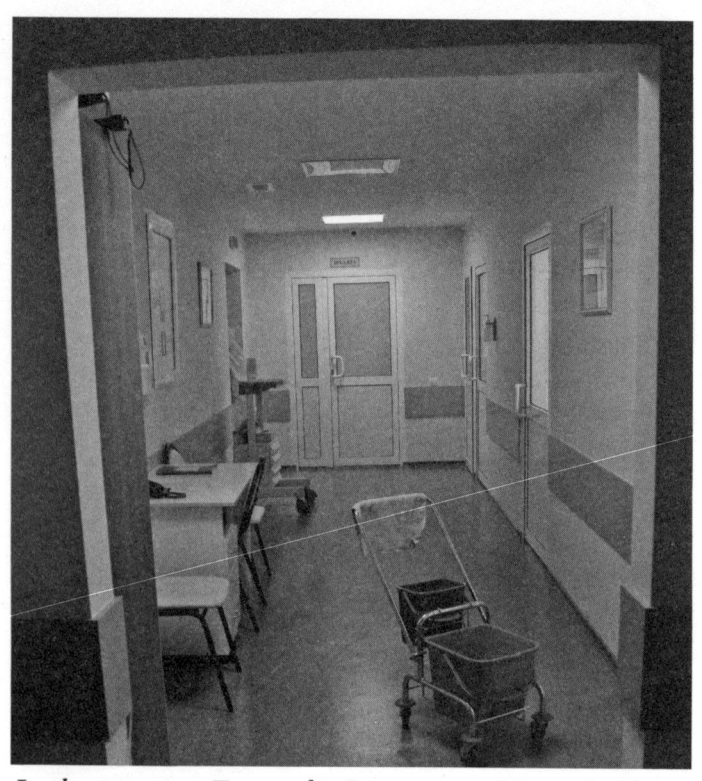

In der neunten Etage: die Räume von Timoschenko

von der Berliner Charité wäre hier gewesen, habe
sich alles angeschaut und der Klinik bescheinigt,
europäischen Standard zu besitzen. Allerdings traf
seine Einschätzung ebenfalls zu, dass er nicht beurteilen könne, ob das ukrainische Behandlungsteam
auch gut zusammenwirke. Schließlich wäre er nur
eine Stunde im Hause gewesen, sagt Afanasjew, ein
wenig Ironie schwingt darin erkennbar mit.

Afanasjew sagt weiter, er und seine Kollegen hätten damals deutsche Kliniken besucht, um zu sehen,
wie man dort solche Patienten behandelt. Unter-

Abgeordnetenprotest vor den Timoschenko-Räumen.
Oberst Perwuschkin (l.) versucht zu schlichten,
Klinikchef Afanasjew mit Schlips in der Mitte

schiede habe er nicht feststellen können. In der Zusammenarbeit mit den Berliner Kollegen hätten sie als Fachleute rasch eine gemeinsame Sprache gefunden, für beide Seiten sei das Wesentliche, der Patientin zu helfen. Sowohl die ukrainischen als auch die deutschen Ärzte seien vom Ehrgeiz frei, sich in den Vordergrund zu drängen oder instrumentalisieren zu lassen. Dass es diese Neigung auf dieser Seite und auch jener Seite gebe, könne er wohl als bekannt voraussetzen. Ich nicke.

Der Klinikchef betont, dass es aus medizinischer Sicht eine richtige Entscheidung war, Frau Timoschenko aus dem Gefängnis ins Krankenhaus zu verlegen. Natürlich hätte man auch die gesamte Technik ins Frauengefängnis bringen können, aber damit wären alle anderen Patienten im Hause ohne physiotherapeutische Versorgung gewesen. Denn in diesem Hospital gibt es nicht nur eine Patientin, sondern einige hundert. Für diese sei er ebenfalls verantwortlich. Natürlich hätten sie, das werde er mir gleich zeigen, alle relevanten Behandlungsstationen in die neunte Etage verlegt – etwa die Massageräume aus der ersten Etage –, damit die Wege kurz sind und Frau Timoschenko nicht ständig durchs Haus mit dem Lift fahren muss.

In der neunten Etage befinden sich auch zwei Operationsräume, in denen in der Regel sieben oder acht frisch operierte Patienten liegen.

»Wir denken, dass eine Operation bei ihr nicht notwendig ist. Diese Meinung vertreten die deutschen Ärzte auch.«

»Wir reden jetzt vom Bandscheibenvorfall?«, frage ich beim Stichwort OP nach.

Besucherraum, hier empfängt die Patientin

»Die deutschen Ärzte haben es so bezeichnet.«

»Sie bezeichnen es anders?«

»Hm.« Aber das könne er mir nicht anvertrauen, das unterliege der ärztlichen Schweigepflicht.

»Die gilt so lange, bis es in der Zeitung steht.«

»Wenn wir der Meinung wären, dass Timoschenko nicht krank ist, würden wir sie nicht behandeln«, lautet die salomonische Auskunft.

»Wie aufwendig ist denn die Behandlung?«

»Täglich im Schnitt vier bis sechs Stunden.«

»Was, zum Beispiel?«

Afanasjew lächelt. Das wäre kein Geheimnis, sagt er, aber wir wurden von Frau Timoschenko schriftlich ersucht, keine Details ihrer Behandlung öffentlich zu machen. »Daran halten wir uns.« Vom Fenster meldet sich Oksana Koshliz. Im Mai habe die Gefängnisverwaltung den Behandlungsplan im Internet publik gemacht, um allen Spekulationen zu begegnen, daraufhin habe es diese Forderung von Frau Timoschenko gegeben.

»Wer hat denn diese Blödheit veranlasst?«

»Ich nicht«, sagt Dr. Koshliz, »und Afanasjew auch nicht. Uns hat man auch nicht gefragt, sonst hätten wir es abgelehnt. Jeder Kranke, egal, wie er heißt, hat Anspruch auf den Schutz seiner Persönlichkeit. Selbst wenn der Patient die geltenden Regeln bricht, muss man nicht mit gleicher Münze zurückzahlen.«

Der Chefarzt nickt. Er teilt ihre Meinung.

»Kranke reden am liebsten über ihre Krankheit«, werfe ich. »Nur Frau Timoschenko nicht. Kann es vielleicht daran liegen, dass sie doch nicht so dramatisch erkrankt ist, wie es suggeriert wird?«

»Der eigene Schmerz ist immer größer als der der anderen«, antwortet Afanasjew ausweichend.

Ich werde direkt. »Geht sie an Krücken, oder bewegt sie sich im Rollstuhl zwischen den einzelnen Behandlungsräumen. Wird sie gefahren, oder bewegt sie sich mit eigener Kraft?«

Aus eigener Kraft, sagt er. Und wenn ich ihn richtig verstehe, meint er so etwas, was man in Deutschland als Rollator bezeichnet.

»Was ist sie für eine Patientin? Eine ruhige oder eine nervige, eine anmaßende oder aufsässige?«

»Darüber kann ich mich nur mit den Ärzten austauschen«, sagte er, was heißen soll: Auch das ist ein Arztgeheimnis, was ich dir nicht auf die Nase binden werde. Dann aber wirft er doch noch einen Brocken hin. »Von medizinischer Seite kann ich sagen, dass sie sich sehr ruhig, höflich und diszipliniert verhält, es gibt keine Kommunikationsprobleme mit ihr. Sie arbeitet mit.«

»Sie verweigert sich also nicht wie etwa im Gefängnis?«

»Nein, sie arbeitet aktiv mit und zieht uneingeschränkt das Programm durch. Nur einmal gab es eine Unterbrechung von zwei Tagen, als ein Verwandter von ihr verstorben war. Sonst verlässt sie weder das Haus noch die neunte Etage.«

»Wie reagieren andere Patienten auf ihre Anwesenheit und den damit verbundenen Rummel?«

»Negativ. Vor allem, wenn die Protestierer Lärm machen. Ich habe Timoschenko gebeten, dass sie solche Solidaritätsbekundungen unterbinden soll, worauf sie sagte, sie werde es ihrem Anwalt mitteilen.«

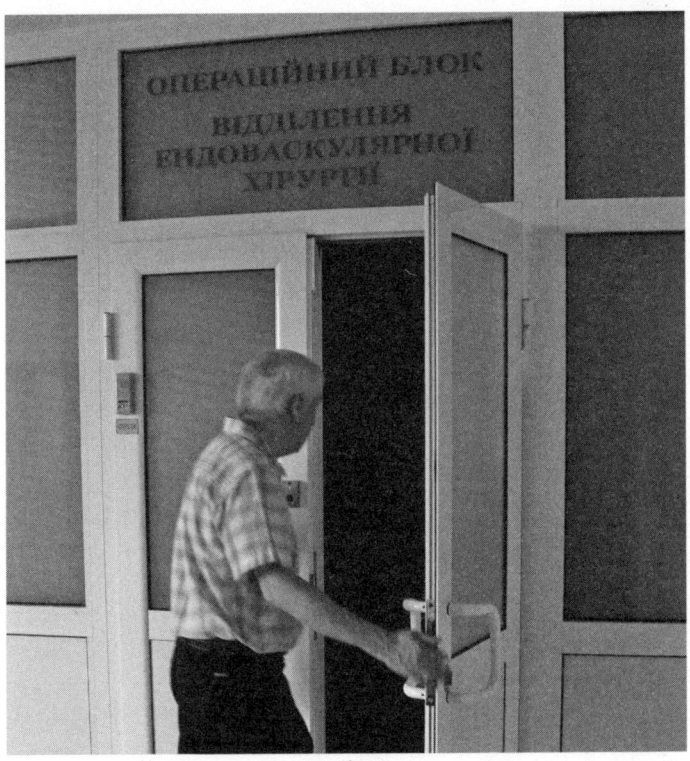

Der Operationstrakt in der Neunten

»Timoschenko ist seit dem 9. Mai in Ihrer Klinik. Wie lange, meinen Sie, wird sie Ihr Gast sein?«

»Das bestimmen nicht wir, sondern die Charité.«

»Die Federführung liegt also in Berlin?«

Er nickt. Es gäbe drei Aspekte: einen medizinischen, einen psychologischen und einen politischen. Die beiden letzten erschwerten und verlängerten die Behandlung und damit die Genesung. »Wir stehen in Verbindung mit unserem Gesundheitsministerium und der Berliner Charité. Wir machen, was sie uns sagen, und spekulieren nicht über die Zukunft.«

Afanasjew ist ganz Diplomat, er lässt nicht erkennen, ob er das sagt, weil er meint, es so sagen zu müssen, oder weil es seiner inneren Überzeugung entspricht. Ich provoziere.

»Sie führen ein etabliertes, anerkanntes Hospital. Empfinden Sie es nicht als Anmaßung, wenn Ihnen Deutsche vorschreiben, was Sie in ihrem Haus zu tun oder zu unterlassen haben? Könnten Sie sich vorstellen, dass ein verurteilter deutscher Strafgefangener in der Charité die Behandlung durch deutsche Ärzte ablehnt und verlangt, entweder im Ausland oder von ukrainischen Ärzten behandelt zu werden, worauf Sie nach Berlin fliegen und vor den Augen internationaler Medien den deutschen Ärzten diktieren, was sie machen sollen? Können Sie sich das vorstellen?«

»Nein«, sagt er knapp. »Aber wir leben damit«, seufzt er und weicht aus. »Wir besprechen die medizinischen Fragen gemeinsam. Man kann nicht sagen, dass nur in Berlin entschieden würde. Timoschenko ist natürlich keine gewöhnliche Patientin, weshalb es auch die Umstände nicht sind. Die deutschen Kollegen haben insbesondere auf die psychosomatische Seite verwiesen. Da haben sie Recht. Die häufigen Besuche von Politikern, von Mitgliedern des europäischen Parlaments und des Bundestages beeinflussen den Prozess, jeder Besuch belastet. Diese Termine sind überhaupt nicht hilfreich für den Genesungsprozess der Patientin. Und auch nicht für die Klinik als Ganzes.«

Damit meine er gewiss auch mich, sage ich. Er lacht, ich wäre eine hinnehmbare Belastung. Und noch einmal macht er deutlich, dass er nichts kommentieren und bewerten möchte, was außerhalb der medizinischen Sphäre liegt. Das ist nicht sein Revier, nicht sein Metier.

Es ist 13.45 Uhr, als sich Afanasjew erhebt. Es wäre Zeit, in die neunte Etage zu fahren. Offensichtlich ist

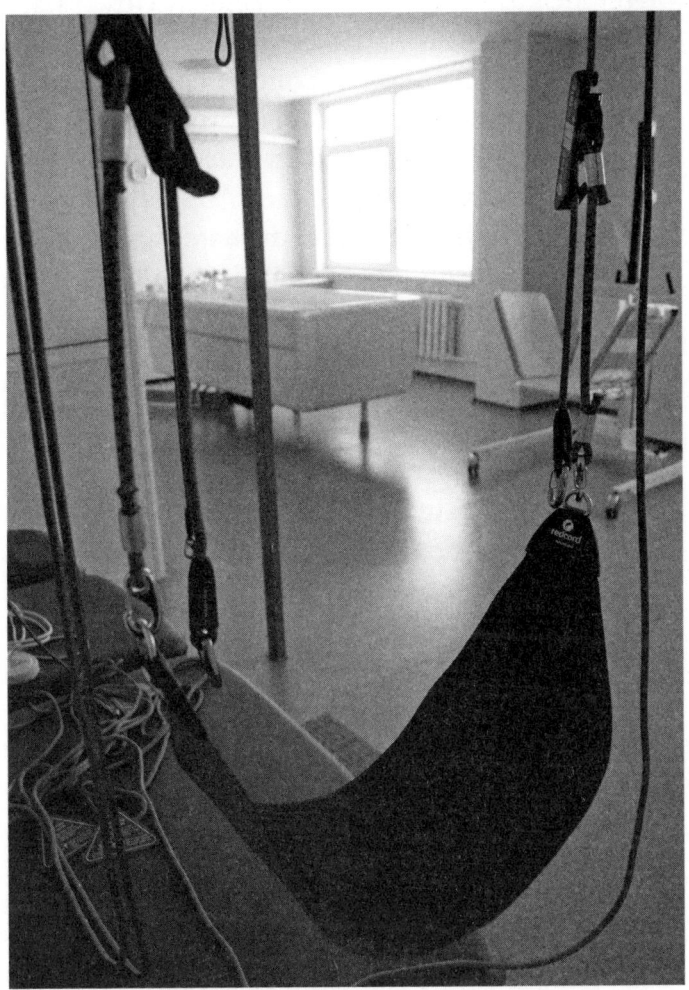

In der Physiotherapie

Julija Timoschenko zu einer Behandlung, so dass ich die zugänglichen Räume besichtigen kann, ohne ihr zu begegnen und Fragen zu stellen. Denn, das hat mir der Klinikchef ja deutlich zu verstehen gegeben, jeder Besuch bedeutet Aufregung und behindert die Heilung. Mithin: Wenn ich mir meinen Wunsch nach einer Begegnung mit Timoschenko versage, nützte ich ihr. Nun, eigentlich liegt mir nichts ferner, als sie zu unterstützen, aber wenn es denn der Gesundheit eines Menschen dient, dann soll es halt sein. Man ist schließlich kein Unmensch …

Wir gehen über den Flur, dort wartet bereits in einem geöffneten Aufzug eine Frau, die wohl sonst Liegen oder Bahren hinauf oder hinunter befördert, mindestens zwei passen hier locker hinein nebst Personal. Sie drückt stumm die Knöpfe, der Lift setzt sich geräuschlos in Bewegung. Dann gehen wir durch einen menschenleeren Flur, der von einer Glastür versperrt ist, auf deren anderer Seite zu lesen ist, dass es sich um den Operationstrakt handelt. Die Tür ist elektronisch gesichert, nicht jeder kann dort hindurchspazieren. Eine geöffnete Tür gibt den Blick frei auf einige belegte Betten, daneben stehen Ständer mit Infusionsbeuteln.

Zwanzig, dreißig Meter hinter dieser Tür ist eine weitere Glastür, darüber steht »Palata« wie an der Zelle in der Untersuchungshaftanstalt. An der Decke darüber ist eine Kamera oder ein Bewegungsmelder installiert, so genau vermag ich es von hier nicht zu erkennen. Zur Rechten weitet sich der Flur zu einer Art Diele. Auf einem Stuhl döst ein Uniformierter vor sich hin, aha, der Wächter aus dem Gefängnis.

Hinter den blauen Milchglasscheiben befindet sich also das Krankenzimmer von Timoschenko und noch einiges mehr, denn betrachtet man das Krankenhaus von außen, folgen auf die fünf vergitterten Fenster weitere vier ohne diesen Schmuck. Das aber werde ich erst später feststellen, wenn ich wieder draußen bin, doch da kann ich Afanasjew nicht mehr fragen.

Er zeigt mir den Besucherraum, in welchem eine Art Schreibtisch neben einem Waschbecken mit Spie-

Und ein weiterer Raum wird vorbereitet

gel und eine Liege stehen, eine ähnliche Ausstattung wie im Gefängnis, nur eben ein wenig schicker. In einem anderen Kabüffchen befinden sich eine Dusche

Links neben dem Kühlaggregat die fünf vergitterten Fenster vor Timoschenkos Räumen

und eine Toilette, dazu ein Wäschetrockner und eine weitere Liege. Im nächsten Zimmer auf der gegenüberliegenden Seite, dessen Bestimmung nicht erkennbar ist, installieren gerade zwei Handwerker eine Klimaanlage, Möbel oder Technik sind noch unter blauer Folie versteckt.

Sodann führt mich Afanasjew in den ersten Behandlungsraum, dort stehen zwei Röhren, die aussehen wie Einmann-U-Boote. Er versucht mir deren Funktion zu erklären, aber ich verstehe die medizinischen Fachbegriffe und Vokabeln nicht, es könnte sein, das es irgendetwas mit Kreislauf oder Blutdruck zu tun hat. Im nächsten Behandlungszimmer steht eine überdimensionierte Badewanne mit Schläuchen und Düsen, in der zweifelsfrei Unterwassermassagen erfolgen. Daneben sehe ich zwei, drei Vorrichtungen, an denen Gehänge und Ledergurte geschirrt sind, in welchen vermutlich die Patientin gedehnt oder gestreckt wird, was weiß ich. Die gesamte Technik ist neu, es gibt kaum Gebrauchsspuren, die auf jahrelange Benutzung schließen lassen. Alles ist pikobello sauber und gediegen.

Das war's, sagt Afanasjew, und er sieht mein Glitzern in den Augen, neenee, mein Lieber, dein Jagdfieber werde ich nicht bedienen, hier legt sich niemand auf die Lauer, um Frau Timoschenko abzuschießen, auch du nicht!

Ich folge ihm brav bis zum Fahrstuhl. Nirgendwo öffnet sich unerwartet eine Tür, aus der sich ein Rollator oder zwei Krücken schieben, kein blonder Zopf weit und breit. Vielleicht trennt mich nur eine Wand von der berühmtesten Gefangenen der Ukraine.

Afanasjew blinzelt mich, als es mit uns abwärts geht, aus seinen Augen freundlich an. »Sie sind ein sehr ironischer Mensch.«

»Sie sind ein sehr guter Beobachter«, gebe ich das Kompliment zurück, wobei ich mir nicht sicher bin, ob er es so gemeint hat, wie ich es verstand.

Nach meiner Rückkehr in Deutschland lese ich, dass die Medizinischen Dienste der hiesigen Krankenkassen an die dreizehntausend Fälle aus dem Jahr 2010 untersucht hätten, bei denen der Verdacht von Ärztepfusch angezeigt worden war. Und siehe da: In über viertausend Fällen lagen »eindeutige Verstöße gegen die Regeln der ärztlichen Kunst« vor, in 75 Prozent dieser Fälle waren irreparable Gesundheitsschäden die Folgen. In Deutschland.

Vielleicht sollte man Frau Timoschenko mal diese Zahlen zur Kenntnis geben.

Im Schnellzug retour

Das Häuflein der Protestierer am Hospitalzaun mit den vielen Plakaten und Liebesbekundungen bleibt hinter uns zurück. Nach hundert Metern ist von ihnen nichts mehr zu sehen und zu hören. Wir verlassen das grüne Refugium und tauchen wieder ein in die laute, brodelnde Stadt. Auf den Bürgersteigen eilen Menschen mit Einkaufsbeuteln und Sorgen dahin, sie bewegt anderes als das Schicksal einer Patientin in einem der vielen Krankenhäuser in der Stadt. Timoschenko? Wer war das doch gleich?

Es herrscht die gleiche verkehrte Optik vor, wie ich sie aus meiner Heimat kenne. Weniger als drei Prozent der Deutschen sind in politischen Parteien organisiert, und davon wiederum ist ein verschwindend kleiner Teil mit einem öffentlichen Mandat ausgestattet, dennoch rechnen die Parteien mit ihren Apparaten zu den größten Arbeitgebern im Lande. Und bei diesem kleinen Teil wiederum richtet sich der Fokus auf vielleicht zwei Dutzend Personen. Das vermeintlich öffentliche Interesse ist reduziert auf wenige Amtspersonen, sie finden täglich in der Zeitung statt, sie füllen die Fernseh- und Rundfunknachrichten. Der Rest von mehr als 99 Prozent der Menschen im Lande kommt in den Medien nicht vor, als Nachrichten sind sie nicht existent. Verkehrte Welt, geteilte Welt, verschiedene Welten. Ein Reflex ist Desinteresse bei den Ignorierten.

Politische Elite? Ph, da bläst jeder die Backen auf, den man im Café, auf der Parkbank oder im Wartesaal auf dem Bahnhof befragt. »Ich denke, Timoschenko sitzt zu Recht im Gefängnis«, sagt im *Deutschlandradio* am 29. August 2012 ein Wirtschaftsstudent aus Kiew namens Alexej. »Okay, unser Land ist korrupt, aber es kann gut sein, dass es, wenn sie an die Macht käme, noch schlimmer würde.« Und ein Sergej, Jurist in einer Beratungsfirma, sagt in dem gleichen Feature: »Timoschenko ist mir gleichgültig. Wenn das Gericht sie verurteilt hat, dann muss sie die Strafe auch absitzen. Ob die Strafe angemessen ist, ist eine andere Frage. Wir wissen doch alle nicht, was da wirklich gelaufen ist.«

Serhij Zhadan, aktuell Charkiws prominentester Autor, Jahrgang 1974 und Vertreter jener Generation, die selbstbewusst gegenüber allen Autoritäten Ablehnung demonstriert, kritisierte wiederholt den vom Westen mit Timoschenko begründeten Boykott. Das sei für ihn »so eine Art Kalter Krieg«, sagte er beispielsweise dem *Deutschlandradio Kultur* am 12. Mai 2012. Damit boykottiere »man auch gleichzeitig die Menschen, die in diesem Land leben, und die Ukraine wird als Land isoliert. Das finde ich nicht gut.«

Die Überhöhung persönlicher Probleme, die Nabelschau eitler Politiker, die Hypertrophierung individueller Banalitäten und deren Behandlung als Staatsangelegenheit auf internationaler Bühne, nicht ganz abwegig als Staatszirkus bezeichnet, sorgt für flächendeckendes Desinteresse. Zugleich nimmt der arrogante Auftritt die unbeteiligte Masse in Mithaftung, ohne dass sie sich dagegen wehren könnte. Einzig die eingeforderte Solidarität, etwa am Wahltag, kann verweigert werden. Davon machen immer mehr Menschen Gebrauch. Inzwischen ist die Erkenntnis Gemeingut, dass sich an der eigenen misslichen Lebenslage nichts ändert, egal, ob man nun diesem Millionär oder jenem Oligarchen seine Stimme gibt …

Es bleiben noch einige Stunden, ehe mein Zug nach Kiew startet. Ich lasse mich am Lopan an der Karl-Marx-Brücke absetzen. Zwischen Himmelfahrt-Kathedrale und Luxemburg-Straße könne man wunderbar flanieren, sagt »Kolja«. Auf diese Idee kamen an diesem warmen Sommernachmittag auch andere. Viel junges Volk ist unterwegs, vermutlich Studenten, denn hinter der ältesten Kirche der Stadt befindet sich eine Reihe akademischer Einrichtungen, weshalb die Anhöhe Universitätshügel heißt. Das Areal gilt als das Herz der Stadt. Und dieses schlägt sehr lebendig, ist bunt, jung und anmutig. Ein Bräutigam trägt zur Erheiterung der Umstehenden seine Frau übers Pflaster, damit ihre Highheels keinen Schaden nehmen. Die Hochhackigen spielten auch im Fall Timoschenko eine Rolle: Nicht wenige mokierten sich darüber, dass sie nur solches Schuhwerk trüge, da müsse sie sich nicht wundern, wenn sie es im Kreuz habe. Andere gingen noch weiter und meinten: Wenn sie es wirklich mit der Bandscheibe hätte, würde sie keine Schuhe mit solch hohen Absätzen tragen. Auch in der Ukraine gilt: Wer den Schmerz hat, braucht für Spott und Häme nicht zu sorgen.

Auf dem Lopan schwimmen Ruderkähne, vorm Denkmal, das an die Revolutionshelden von 1917 erinnert, vereinen sich Teenager zum Gruppenfoto, die Ewige Flamme ist erloschen. Pärchen schlendern, Händchen haltend, durch den Park, Frauen schieben Kinderwagen, genervte Väter ziehen ihre Kinder hinter sich her, und im Schatten der Bäume posiert eine grazile Schönheit im »kleinen Schwarzen« vor der Kamera. Ab und an springt eine Visagistin hinzu und pudert die junge Dame, die mich professionell anlächelt, als ich das Objektiv auf sie richte.

An Ende des Parks, wo sich Lopan und der Fluss Charkiw vereinen, spannt sich eine Fußgängerbrücke übers Wasser, an den Seilen links und rechts hängen unzählige Vorhängeschlösser mit Tag und Namen derjenigen, die darauf hofften, dass ihre Liebe für immer halten möge. Die Behörden von Charkiw sind sichtlich großzügiger als die von Berlin; ich wohne in der Friedrichstraße neben der Weidendammer Brücke, dort kommt regelmäßig jemand vorbei und befreit mit einem Bolzenschneider emotionslos den eisernen Ikarus und das Geländer von diesen Anhängseln.

Über die Brücke spaziert auch das Paar in Weiß, das heute getraut worden ist. Es ließ sich kurz zuvor von Tauben in Rosa, Blau und Weiß umflattern: Die Geschäftsidee des Mannes mit dem mobilen Taubenhäuschen macht sich offenkundig bezahlt. Die Leute stehen bei ihm Schlange, um sich für ein kleines Entgelt mit den eingefärbten Vögeln ablichten zu lassen. Auf einer Bank spielt selbstvergessen ein

Rentner auf seiner Garmoschka, und hinter ihm liegen etliche Menschen im Gras, lecken Eis und lauschen den melancholischen Weisen, die er seiner Ziehharmonika entlockt …

Es ist ein Freitagnachmittag im Sommer anno 2012, eine friedliche Idylle in einer heiter-entspannten Atmosphäre. Kiew ist hier so weit weg wie Timoschenko und das ganze Gedöns in Westeuropa über Diktatur und Menschenrechte, die doch angeblich hier fortgesetzt verletzt würden. Die Menschen leben in Charkiw wie anderenorts ihr eigenes, selbstbestimmtes Dasein, sie sind glücklich und zugleich beherrscht von den Problemen des Alltags, Licht und Schatten liegen auch hier beieinander wie überall, aber: Es berührt sie nicht, was die »politischen Eliten« im In- und Ausland bewegt und woran sie, das Wahlvolk, teilhaben sollen. Zwischen den Bäumen

Unzählige Vorhängeschlösser an der Fußgängerbrücke

tönt leise Musik. Deutlicher lässt sich nicht zeigen, wie verschieden »oben« und »unten« ist, wie sehr die Interessen einer herrschenden Minderheit und der beherrschten Mehrheit auseinanderfallen. Und so gesehen ist Charkiw überall, egal, wie die Städte in Europa heißen.

Zurück zum Bahnhof, er soll der größte des Landes sein. Nach dem Krieg ist er wieder errichtet worden, gewaltiger und schöner, als er es vermutlich jemals war. Die großen Hallen werden geziert von Gemälden an Wänden und Decke, viele rote Fahnen wehen auf dem Putz, und dass sie es noch immer tun und leuchten, als wären die Farben erst gestern aufgetragen, liegt wohl an der soeben beendeten aufwendigen Restaurierung. Alles ist sauber und gepflegt, selbst die Toiletten sind es. Zu Sowjetzeiten mied man die öffentlichen Bedürfnisanstalten nach Möglichkeit, und oft stieg man über Wodka-

Turtelnde Tauben: mit und ohne Federn

leichen, die im Weg lagen. Bis zur Stunde, das fällt mir jetzt auf, habe ich nicht einen einzigen Betrunkenen getroffen.

Der Bahnhofsvorplatz, ein rechtwinkliges Areal mit Springbrunnen, Wasserspielen und Blumenrabatten, erfreut das Auge. Ich trinke ein Bier in einem Gartenlokal, von dem man einen Blick von erhöhter Warte hat. Menschen sitzen auf Bänken oder flanieren, es macht Spaß, ihnen zuzuschauen. Das in einer Schlange erstandene Gebräu im Plastikbecher ist wenigstens gut gekühlt, vielleicht hätte ich das importierte dem einheimischen vorziehen sollen. Zur Rechten die Post, nicht minder wuchtig der Bau gegenüber, an dem eine Tafel erinnert, dass die hier residierende Eisenbahnverwaltung sich während des Großen Vaterländischen Krieges bleibende Verdienste erworben hat. Über der Tafel hängt ein Relief von Feliks Edmundowitsch Dzierzynski in beachtlicher Größe.

Bahnhof und Vorplatz mit Wasserspielen

Die Eisenbahnverwaltung für die südwestliche Front,
darüber ein Relief von F. E. Dzierzynski

Ein anderer Timoschenko befehligte im Herbst
1941 die Südwest-Front. Der Sowjetmarschall versuchte mit vier Armeen Charkiw zu verteidigen,
doch er gewann nur Zeit, die man aber nutzte, um
die Stadt und die Betriebe zu evakuieren. Die Nazi-

Kommandatur, die nun für fünfzehn Monate hier herrschte, machte vom ersten Tag an gezielt Jagd auf Kommunisten, politische Kommissare, Funktionäre und – Juden. Am 14. Dezember 1941 befahl der deutsche Stadtkommandant deren Ghettoisierung, binnen zweier Tage wurden rund 20.000 Juden »eingesammelt« und das Sonderkommando 4a der Einsatzgruppe der SS, welches hinter der Front operierte, begann mit ihrer systematischen Ermordung.

Die von Timoschenko am 12. Mai 1942 gestartete Offensive zur Befreiung Charkiws endete noch im selben Monat mit einem Desaster: 500 Flugzeuge gingen verloren, 1.200 Panzer und 2.000 Geschütze und – fast eine Viertelmillion Rotarmisten gerieten in einem Kessel in Gefangenschaft. Am 16. Februar 1943, unmittelbar nach Stalingrad, wurde Charkiw befreit – nachdem Hitler die Stadt noch kurz zuvor zur Festung erklärt und befohlen hatte, sie »unter allen Umständen« zu halten. Im März jedoch wurde die Stadt von SS-Divisionen erneut besetzt, die Wiedereinnahme Charkiws von der Nazipropaganda als großer Sieg gefeiert, kein Wunder nach der kriegsentscheidenden Niederlage an der Wolga wenige Wochen zuvor.

Die letzte und vierte Schlacht um Charkiw wurde im Sommer 1943 geschlagen. Marschall Shukow überrannte in der Sommeroffensive mit mehr als siebenhunderttausend Mann die deutsche Front. Am 23. August hisste die 89. Gardearmee auf dem Dzierzynski-Platz, der unter deutscher Besatzung »Platz der Leibstandarte Adolf Hitler« hieß, die rote Fahne. Das war hier.

Die meisten Menschen, die den Platz bevölkern, sind lange nach jener Zeit geboren, aber die Narben und Erinnerungsmale sind in der Stadt präsent, weshalb es auch die Vergangenheit ist. Trotz mancher Brüche, unabhängig davon, wer in Kiew regiert, zog und zieht die Geschichte kontinuierlich dahin, wie ein Strom fließt sie und nimmt die Menschen mit. Es ist Zeit zu gehen.

Auf dem Gleis 1 wartet bereits der Silberpfeil aus Frankreich. Vor jeder Tür steht mindestens ein Kontrolleur und mustert aufmerksam die Karte, ohne gültiges Billett kommt man nicht hinein. Auf dem Bahnsteig steht auch »Vater Fjodor« in Bronze, eine Figur aus dem bekannten satirischen Roman »Die zwölf Stühle« von Ilf und Petrow, die tatsächlich Iechiel Leib Fainsilberg und Jewgeni Petrowitsch Katajew hießen. Die beiden begannen ihre kurze literarische Laufbahn in Charkiw (Ilf starb 40-jährig nach einer USA-Reise 1937, Petrow stürzte, keine 40 Jahre alt, als Kriegsreporter 1942 bei einem Einsatz ab), weshalb man ihnen dieses Denkmal setzte. »Vater Fjodor« trägt einen Brief in der Hand, den er – im Buch – auf eben diesem Bahnhof an seine Frau schrieb. Auf dem Sockel ist aus dem Brief zitiert: »Charkiw, die lärmende Stadt, ist das Zentrum der Ukrainischen Republik. Nach der Provinz scheint es, als ob du im Ausland bist.«

Der Hochgeschwindigkeitszug setzt sich in Bewegung, doch nicht einmal wird er die mögliche Spitzengeschwindigkeit erreichen, denn die alten Gleisanlagen lassen es nicht zu. Auch sonst hat man von den supermodernen Einrichtungen nicht allzuviel:

»Vater Fjodor« aus den »Zwölf Stühlen« von Ilf und Petrow auf dem Bahnsteig 1 in Charkiw

Auf dem Monitor an der Stirnseite, der zur Unterhaltung der Reisenden dienen soll, laufen in Endlosschleife die stets gleichen Werbefilme über den Zug und die Ukraine. So rast und schleicht, im steten Wechsel, das Hightec-Gefährt durch eine flache und ein wenig, nun ja, eintönige Landschaft. Die kleinen und größeren Städte, die wir passieren – etwa Poltawa, wo Peter der Große die Schweden vor 300 Jahren besiegte und Russland zur Großmacht machte –, vermitteln einen sauberen, gepflegten Eindruck, überall grüßen goldene Kuppeln von Kirchen und Klöstern. Die Felder sind in einem ordentlichen Zustand,

Vor der Abfahrt des Silberpfeils

Brachen oder unbestellte Äcker sind kaum zu entdecken. Die Dörfer erscheinen im Vorüberfliegen als folkloristisch bunt, die Wege sind oft solche und verdienen die Bezeichnung Straße kaum. Aber der Fassade nach sieht es nicht nach Armut aus.

Der Schaffner kommt und kontrolliert die Tickets von der Größe eines Briefumschlags. Er knifft sie in der Mitte und trennt mit dem Nagel seines Daumens eine Ecke an der Bruchkante ab. Offensichtlich hat es nach der Anschaffung des millionenteuren Zuges für eine Lochzange oder dergleichen nicht mehr gereicht. Dann kommt einer in Uniform und fragt, ob ich etwas aus der Küche wünsche, notiert es und geht weiter. Als der Zug nach viereinhalb Stunden in Kiew einläuft, habe ich noch immer nicht den bestellten Espresso bekommen.

Der Waggon ist gut besetzt, es sind kaum freie Plätze vorhanden. Es wird gelesen, Papier oder elektronisch, telefoniert oder in die untergehende Sonne geschaut. Ab und an marschiert jemand durch den Mittelgang nach vorn zum Speisewagen. Das Angebot scheint dort nicht sonderlich üppig zu sein, die meisten kehren mit in Folie eingeschweißten Sandwiches oder mit Cola-Büchsen zurück.

Ich blättere in meinen Aufzeichnungen und Timoschenko-Texten, die kaum Abwechslung bieten. Es ist immer die gleiche Litanei, die sie von sich gibt und unisono von der Presse nachgeplappert wird. Ab und an muss ich lachen, etwa bei einem Bild, das Abgeordnete zeigt, die sich mit dicken Bäuchen über ihr Pult beugen und mit kurzen Armen in der Vorderreihe Abstimmungsknöpfe bedienen. »Pianisten« nennt sie die Zeitung, die stellvertretend für die abwesenden Parlamentarier votieren. Wo es »Pianisten« gibt, wird auch ein Dirigent nicht fehlen, und genauso ist es. Ganz unten steht ein solcher. Mit Zeichen signalisiert er, wie die Abgeordneten der Fraktion abzustimmen haben – die Hand waagerecht heißt »nein«, geht diese auf und nieder, drücken alle auf »da«.

Hin und wieder wird es in der Werchowna Rada auch handgreiflich, was die Welt kopfschüttelnd oder lachend auf Youtube zur Kenntnis nimmt, die meisten Menschen in der Ukraine aber lässt dies kalt oder es ist ihnen peinlich, wenn sich millionenschwere Parlamentarier wie kleine Jungs in aller Öffentlichkeit raufen. »Mitglieder der Oppositionspartei der inhaftierten Ex-Regierungschefin Julija Timoschenko griffen einen Redner an, der sie ihrer Meinung nach beleidigt hatte«, berichtete *Die Welt* am 25. Mai 2012 über eine Debatte um Russisch als zweiter Amtssprache. »Bei dem folgenden Handgemenge wurde ein Parlamentarier verletzt und kam in ein Krankenhaus, wie Medien am Donnerstagabend aus der Ex-Sowjetrepublik berichteten. Parlamentspräsident Wladimir Litwin brach die Debatte daraufhin ab.« Später sollte er sogar zurücktreten. »Vor dem Parlamentsgebäude protestierten etwa 1.000 Menschen gegen die Pläne. Schon in der Vergangenheit hatten sich Parlamentarier der Werchowna Rada bei Unstimmigkeiten im Sitzungssaal Schlägereien geliefert.«

Die Demonstranten standen noch immer vor dem Haus, als ich es vor einigen Tagen besuchte, wobei kaum zu unterscheiden war, ob jemand gegen

Protest als Zubrot für Pensionäre: Dauerdemonstranten vorm Parlamentsgebäude für die Partei von Timoschenko, und natürlich für »Free Julija«

Russisch und für Timoschenko war oder doch für Russisch und gegen Timoschenko, denn alle T-Shirts, Fahnen und Transparente schienen aus der gleichen Manufaktur zu kommen. Und auch die Protestierenden glichen jenen, die mir auf dem Kretschatik oder vorm Hospital in Charkiw begegnet waren. Alle über 60 und in der Regel von gepflegtem Äußeren, Pensionäre zumeist, die sich ein Zubrot verdienten. Protest ist ein lukratives Gewerbe in der Ukraine.

Eine Frage beschäftigt mich noch immer; nirgendwo finden sich Hinweise, nach denen ich suche. Warum ist man in den USA so auffällig desinteressiert, denke ich. Sonst hofiert man doch stets jede Figur, die sich halbwegs als dissidentischer Stachel im Fleische eines Feindes aufbauen lässt. Man erinnere sich nur an die Chinesen Ai Weiwei oder Chen Guangcheng, den blinden Bürgerrechtler, der sich in die Pekinger US-Botschaft flüchtete. Selbst die drei Mädchen von der Punkband Pussy Riot fanden Echo in Washington. »Die Vereinigten Staaten sind über das Urteil enttäuscht, einschließlich der unverhältnismäßigen Strafen, die erteilt wurden«, sagte ein Sprecher des Weißen Hauses, nachdem die jungen Frauen wegen ihres Klamauks in einer Kirche in Moskau verurteilt worden waren. Die Kritik fiel vergleichsweise moderat aus. Vielleicht hatte man sich dort erinnert, dass auch bei ihnen Blasphemie nicht ungestraft bleibt, selbst in Deutschland gibt es einen Gotteslästerungsparagrafen. Als drei Nachahmer am 19. August 2012 den Gottesdienst im Kölner Dom störten (»Free Pussy Riot and all Prisoners«), rief man die Polizei. »Sie erhielten eine Anzeige wegen Störung der Religionsausübung, Hausfriedensbruchs und Verstoßes gegen das Versammlungsrecht«, hieß es auf *Spiegel Online*. »Dompropst Norbert Feldhoff hatte bereits zu Beginn des Prozesses in Russland angekündigt, dass ein solcher Auftritt auch im Kölner Dom nicht toleriert würde: ›Die Würde des Doms zwingt uns, dagegen vorzugehen.‹«

Haben russisch-orthodoxe Kirchen keine Würde?

Nur einmal zeigte sich die US-Außenministerin Hillary Clinton »tief besorgt«, nämlich als sich Timoschenko im Hungerstreik befand. »Tief besorgt« und »tief enttäuscht« lautet die Formel in der Diplomatie, mit der man zwar in den Chorus einer klagenden Mehrheit einstimmt, aber im Grunde nichts Verbindliches sagt, das einem später auf die Füße fallen könnte. »Tief enttäuscht« war auch die EU-Außenbeauftragte Catherin Ashton nach dem Urteil bei Pussy Riot.

Warum also die auffällige Zurückhaltung in Washington in Bezug auf Julija Timoschenko? Außer einer halbstündigen Visite des US-Botschafters Tefft im Mai 2012 im Krankenhaus von Charkiw, bei der er von einem Vize-Staatssekretär begleitet worden war, welcher Grüße seiner Chefin Clinton überbrachte, passierte nichts.

Als Julija Timoschenko als Gasprinzessin ins Parlament einzog, schrieb sie im Frühjahr 1997 an US-Präsident Clinton einen Offenen Brief. Sinn und Anlass dieses Schreibens waren unklar, allerdings erschien er in der *Times*, und damit wurde die Frau aus der Ukraine in den USA in bestimmten Kreisen bekannt. Das wird wohl die Absicht gewesen sein und nicht ihr Monitum in Bezug auf Gazprom und Jelzin, der sich gerade zu einem Staatsbesuch in den USA rüstete. Die *Washington Post* legte im April nach, das trug ihr eine Einladung der renommierten John Hopkins University ein. Dort, in Baltimore, hielt sie einen »klug durchdachten« Vortrag. Ihre Biografen Popov und Milstein schrieben dazu: »Er enthält genau das Quäntchen Banalität, das man in Amerika erwartet, wenn es um Osteuropa geht. Julija Timoschenko spricht von der Korruption in ihrem Heimatland, von der Bürokratie und dem Einfluss der Schattenwirtschaft auf die Geschäftswelt. Sich selbst stellt sie als Politikerin dar, die für marktwirtschaftliche Reformen eintritt, und als Abgeordnete, die auf demokratischen Gesetzen bestehen wird. Ein Augenzeuge berichtet, am Ende hätten ›die gerührten Amerikaner begeistert applaudiert‹.«

Vielleicht ist das Schicksal ihres Förderers Lasarenko – welchen die Amerikaner zu neun Jahren verurteilten – der Grund, dass sie sich nicht stärker für Timoschenko ins Zeug legen? Mit einer Kriminellen möchte man sich nicht ins politische Bett legen.

Vielleicht schätzen die Geheimdienste die Aussichten auf einen grundlegenden Politikwechsel in der Ukraine als schlecht ein. Aber was gibt man, selbst in Washington, schon auf die Urteile von Geheimdiensten? Die entscheidenden Kurswenden in der internationalen Politik haben sie doch allzu oft verschlafen. Oder glaubt man nicht mehr an einen möglichen Beitritt der Ukraine in die NATO in absehbarer Zeit?

Haben sie Timoschenko als Politikerin bereits abgeschrieben – wie das ganze Land? Öl ist dort nicht zu holen, und Getreide hat man selbst. Die einstige (und vielleicht bald erneute) Kornkammer Europas ist für den Kontinent, nicht aber für die USA von Interesse.

Was also ist es, warum sich die Amerikaner so auffällig zurückhalten? Ist es nur die berühmte Ruhe vor dem Sturm? Oder wollten sie die Russen nicht noch mehr provozieren, als sie es ohnehin schon taten mit »Raketenschutzschild« und NATO in kleineren Anrainerstaaten. Wer weiß. Vielleicht erfahren wir mehr, wenn mal wieder in der Ukraine die Würfel gefallen sind.

Es geht auf Mitternacht zu, als der Zug planmäßig in Kiew einrollt. Es herrscht dort ein Gedränge wie in der Rushhour. Vielleicht auch ist hier 24 Stunden am Tag Geschäftszeit. Vorm Bahnhof sind nur wenige Taxis zu sehen. Und die, die dort warten, sind angeblich bestellt. Über Handy und eine zentrale Nummer kann man ein Gefährt ordern. Es dauert keine fünf Minuten, dann quietschen die Bremsen. Es geht eben nichts über einen anständigen Service.

Der erste Ermittler

Der Mann hat einen Rang, den es in Deutschland nicht gibt: Generalleutnant der Justiz. Zumindest steht es so auf seiner Visitenkarte, auf der die Nationalfarben und das kaligrafische Staatswappen der Ukraine zu sehen sind. Darüber steht »Zentrum für Strategische Forschungen und Analysen«, dessen Vizepräsident er ist. Vor sich her trägt er einen stattlichen Bauch und ein Buch, das er verfasst hat. Er wird es mir, nach unserem Gespräch, mit einer freundlichen Widmung überreichen.

Das Jackett wirft er lässig über die Stuhllehne, ehe er Platz nimmt. Ob er das meinetwegen tut, um Waffengleichheit herzustellen, oder ob dies der sommerlichen Temperatur wegen geschieht, vermag ich nicht zu sagen. Der Schlipsknoten jedenfalls, der straff am Halse sitzt, bleibt während des Gespräches ungelockert. Da offenbart der Träger eine gewisse Leidensfähigkeit. Man könnte es auch Härte nennen. Gegen sich selbst, vielleicht auch gegen andere.

Mikola Sergejewitsch Obichod ist Jahrgang 1956 und stammt, wie Timoschenkos Ex-Freund Bober, aus der Gegend von Schytomyr. Nach dem Dienst in der Sowjetarmee hat er an der Universität in Kiew Rechtswissenschaften studiert, später war er ein reichliches Jahrzehnt Untersuchungsführer und Sonderermittler der Staatsanwaltschaft in Schytomyr. Ein weiteres Jahrzehnt, nach der Unabhängigkeit der

Ukraine, ermittelte er für die Generalstaatsanwaltschaft in besonders wichtigen Straffällen. 2003 wechselte er zum Sicherheitsdienst SBU, war dort als dessen Vize-Chef zuständig für die Abwehr von Angriffen auf die ukrainische Wirtschaft und Leiter der Ermittlungseinheiten. Im Juli 2005 schied er bereits nach zwei Jahren aus; dass ein halbes Jahr zuvor Juschtschenko Präsident und Timoschenko Regierungschefin geworden waren, muss aber nicht unbedingt in einem kausalen Zusammenhang mit seiner Verabschiedung gestanden haben.

Der Stellvertretende Generalstaatsanwalt Mikola Obichod hat von 1997 bis 2002 die Ermittlungen gegen Pawlo Lasarenko und Julija Timoschenko geleitet, des »Tandems aus Dnipropetrowsk«, wie er die beiden in seinem Buch nennt. Der Jurist zitiert darin verschiedene Quellen und Dokumente, auch Pressebeiträge, so auch einen aus einer Kiewer Zeitung vom 18. Mai 2010. Dort berichtet ein Volodymyr Bogun über eine TV-Talkshow, in welcher Timoschenko und Obichod sich duellierten. Der Jurist Obichod nannte die zwei Monate zuvor zurückgetretene Regierungschefin und nunmehrige Oppositionsführerin vor laufender Kamera eine Lügnerin und trieb sie in die Enge. Er habe damals ermittelt, dass zwischen 1992 und 1997 von ihren Guthaben im Ausland 86 Millionen Dollar auf Konten geflossen seien, auf die Lasarenko direkt oder über Vertraute Zugriff hatte. Sie solle dies hier entweder bestätigen oder dementieren. Dabei war die Kamera auf die Politikerin gerichtet.

Der Journalist Bogun verfolgte alles sehr aufmerksam auf dem Bildschirm, registrierte jede ihrer Regungen und schrieb: »Nein, sie fing nicht an zu weinen wie in einer früheren Sendung, sondern sie kicherte, schüttelte den Kopf, verdrehte die Augen – kurz gesagt, sie reagierte sichtlich nervös. In ihrer Antwort bezog sie sich auf den damaligen Präsidenten Kutschma und klagte der Welt ihr Schicksal: Ihre Strafverfolgung sei rein politisch motiviert, erfolge auf Bestellung und so weiter. Aber die Antwort auf die gestellten Fragen blieb sie ausnahmlos schuldig.

Alle ihre Argumente liefen darauf hinaus, dass es ungehörig sei, eine Frau zu beleidigen, sie selbst erlaube sich auch nicht, ihre Opponenten zu beleidigen.« Der Rezensent dazu: »Und das sagt eine Politikerin, in deren Wortschatz Bezeichnungen wie ›mafiöse Clans‹ und ›Banditen‹ für den politischen Gegner noch die harmlosesten sind.«

Nun halte ich es nicht unbedingt für die feine englische Art, in Live-Sendungen Personen mit Vorwürfen zu überrumpeln – wir kennen das auch aus deutschen Talkshows, wenn Diskussionsteilnehmer überraschend Papiere aus der Tasche ziehen und vorlesen: Sie haben dann und dann das und das gesagt: Erklären Sie sich! Ein Fernsehstudio ist kein Gerichtssaal. Aber in Timoschenkos Fall standen die Vorwürfe seit Jahren schon im Raum und in den Zeitungen, das war so wenig neu, wie sie nicht die Unschuld vom Lande ist, da sie bereits zehn Jahre zuvor von der Staatswaltschaft in dieser Sache vernommen und in U-Haft genommen worden war. Als PR-Profi hätte sie darauf vorbereitet sein müssen. Doch sie reagierte darauf entlarvend. Die Mitleidstour war nicht nur billig, sondern erkennbar die falsche Strategie.

Wie war der Stein überhaupt ins Rollen gekommen, frage ich Obichod. Wer hat ihn beauftragt, gegen sie zu ermitteln? Gab es eine Anzeige, einen Anruf?

Mikola Obichod, der von 1997 bis 2002 als 1. Stellvertretender Generalstaatsanwalt gegen Timoschenko und Lasarenko ermittelte, dann war er Vizechef des Geheimdienstes, jetzt ist er Buchautor

Obichod entschuldigt sich, weil er weit ausholen müsse. 1997 kam aus dem Antikorruptionsausschuss des Parlaments die Aufforderung, die Geschäfte eines staatlichen wissenschaftlichen Agrarbetriebes in Dnipropetrowsk einmal unter die Lupe zu nehmen. Es gäbe Hinweise, dass dort Geld verschwände, und zwar würde es ins Ausland transferiert werden. Es habe sich um 20 Millionen Grywna gehandelt, die für den Kauf von ungarischen Rindern vorgesehen waren. Ihre Anfangsrecherchen, sagt Obidchod, hätten diesen Verdacht als begründet bestätigt. Das Geld war weg, das Hornvieh nicht da. Also habe er weiter geforscht.

Im Laufe der Emittlungen hätten sie etwa ein halbes Hundert Untersuchungs- und Justizbehörden im Ausland kontaktiert und diese um Mithilfe gebeten. So sei man auch auf ein Konto in der Schweiz gestoßen, das Jahre zuvor von einem einheimischen Strohmann für Pawlo Lasarenko eingerichtet worden war. Dorthin flossen die Gelder aus dem Agrarbetrieb, aber es gab auch andere Zahlungseingänge, die nicht von Pappe waren.

Die Ermittlungen wurden immer weiter ausgedehnt. Dabei richteten sich diese zunächst nicht gegen konkrete Personen, sondern waren auf die Aufdeckung der Geldflüsse und die dahinter liegenden Strukturen gerichtet, betont Obichod, man habe, wie es in Krimis immer heißt, in alle Richtungen ermittelt.

Auf jenem Konto von Lasarenko wurden auch beachtliche Beträge von einer auf Zypern registrierten Somolli Enterprises Ltd. verbucht, worauf sich

Kiew an die dortigen Justizorgane wandte. Nikosia leistete Amtshilfe und stellte diverse Unterlagen zur Verfügung. So erfuhr man nicht nur, wer das zypriotische Konto führte, sondern auch die Herkunft des Geldes, das dort verbucht wurde. Die meisten Überweisungen kamen vom Konto der in London registrierten United Energy International Ltd., und das war ein Unternehmen, welches Erdgas bei Gazprom kaufte und an Naftogaz in der Ukraine veräußerte. Von London aus wurden die russischen Gasrechnungen bezahlt, aber ein Teil des eingehenden Geldes – es handelte sich um einige Dutzend Millionen Dollar – floss nach Zypern und von dort auf verschiedene Privatkonten.

Daraufhin beschloss die Generalstaatswaltschaft in Kiew eine umfassende Prüfung des ukrainischen Gasmarktes. Zunehmend konzentrierten sich dabei die Untersuchungen auf den Energiekonzern EESU, dessen Leiter 1995/96 Julija Timoschenko war. Seit dem 1. Januar 1997 saß die aber im Parlament und hatte offiziell die Führung von EESU abgegeben. In jener Leitungsfunktion aber war sie vom damaligen Ministerpräsidenten Pawlo Lasarenko protegiert worden, auf dessen Schweizer Konto EESU-Gelder via Großbritannien und Zypern geflossen waren.

Zudem hatten die Ermittlungen ergeben, dass die Angaben auf den Handelspapieren zwischen Gazprom und Naftogaz, dem staatliche Gas-Bezieher in der Ukraine, dem die EESU als Zwischenhändler vorgeschaltet war (und diesem wiederum die United Energy International Ltd. in London), nicht mit der Realität übereinstimmten.

Die Generalstaatsanwaltschaft leitete nunmehr ein strafrechtliches Verfahren gegen die Hauptbeteiligten ein.

Lasarenko hatte sich jedoch Ende 1998 mit einem Flugzeug der EESU und einem Pass aus Panama in die Schweiz abgesetzt. Dort war er auf Hinweis aus der Ukraine bei der Einreise verhaftet und wegen Geldwäsche mittels Schweizer Konten angeklagt worden. Gegen Zahlung einer Kaution von 2,6 Millionen Dollar setzte man ihn jedoch auf freien Fuß, und mit diesem flog er über den Großen Teich. Die Werchowna Rada, der er noch immer als gewählter Abgeordneter angehörte, hob nunmehr, im Februar 1999, endlich seine Immunität auf, weshalb Lasarenko bei seiner Einreise mit einem ukrainischen Diplomatenpass in New York festgenommen wurde. Bei der Durchsuchung seines Gepäcks fanden die US-Zöllner neun Pässe aus neun Staaten, aber kein Einreisevisum. Der 46-jährige Lasarenko beantragte »politisches Asyl« und erklärte, er wolle seinen Lebensabend mit seiner bereits in Kalifornien lebenden Familie verbringen.

Die Amerikaner hatten ihn jedoch schon lange als international aktiven und gesuchten Ganoven auf dem Zettel und ließen ihn nicht mehr laufen. Nunmehr begann auch die dortige Justiz zu arbeiten.

Aus dem unfreiwilligen »Exil« denunzierte er mit einem Offenen Brief die von ihm protegierte Weggefährtin. »Julija Timoschenko und ihre Umgebung haben keine politische Zukunft. Kurtisanen, die nur an ihre eigene Befriedigung denken, die für sie nicht in der Liebe, sondern im Geld liegt, das sie dem

Volk schamlos rauben, haben keine Zukunft«, heißt es in dem auch in Kiew veröffentlichen Schreiben demagogisch. »Für Verräter gibt es nur einen Weg – auf den Kehrrichthaufen der Geschichte.« Wohl wahr. Schon bald wird ein Gericht in den USA Pawlo Lasarenko verurteilen.

Er also war damit für die ukrainische Justiz unerreichbar. Aber das Ehepaar Timoschenko und Kompagnon Gravez befanden sich noch im Lande. Die bereits beschlagnahmten EESU-Konten waren jedoch inzwischen auf präsidialen Wink wieder freigegeben worden, vielleicht war das Kutschmas Prämie für die Promotion. Die Vorsitzende der 1999 gegründeten Partei *Batkiwschtschyna* (»Vaterland«) hatte ihre Dissertation zum Thema »Die staatliche Regulierung des Steuersystems« nämlich erfolgreich verteidigt. Vielleicht wollte Präsident Kutschma auch der von ihm am 30. Dezember 1999 zum Vizepremier er-

Lasarenko (l.) und sein Vertrauter Kiritschenko

nannten Dr. Julija Timoschenko, verantwortlich für die Brennstoff- und Energieversorgung der Ukraine, den Rücken freihalten.

Selbst der wahrlich nicht zimperliche Prophet und Exponent des Kapitalismus, der Amerikaner George Soros, kommentierte diese Personalentscheidung mit der bekannten Wendung, man habe den Bock zum Gärtner gemacht.

Ministerpräsident von Präsident Kutschmas Gnaden war Wiktor Juschtschenko.

Julija Timoschenko überwarf sich bald mit beiden, weil sie – wenn es denn nicht taktisches Kalkül war – einige gravierende Fehler beging: In Moskau bestätigte sie den dort seit Jahren erhobenen Vorwurf, dass die Ukraine die Transitpipelines anzapfe und Gas stehle. Und sie räumte die Legitimität der offenen Forderungen von Gazprom in Höhe von 2,8 Milliarden Dollar ein. Und schließlich schloss sie eigenmächtig und ohne Rückendeckung des Regierungschefs einen Gas-Vertrag mit Turkmenien.

Unterdessen liefen die Ermittlungen der Generalstaatsanwaltschaft weiter. Inzwischen lautete der Vorwurf, Timoschenko habe mit der EESU 1,1 Milliarden Dollar ins Ausland verschoben. Die Klageschrift erhielt sie am 15. Januar 2001, vier Tage später wurde sie als Stellvertretende Ministerpräsidentin gefeuert.

Am 13. Februar 2001 bezog sie eine Zelle im Untersuchungsgefängnis Lukjanowo.

Am 27. April 2001 wurde auch Ministerpräsident Juschtschenko entlassen, und Timoschenko kam nach 42 Tagen aus der U-Haft. Die Klage hatte man fal-

ΤΡΑΠΕΖΑ ΚΥΠΡΟΥ ΛΤΔ C.I.F. 03910090 Αρ. Λογ/σμού 41-00946[?(06)]
BANK OF CYPRUS LTD Account No. 41-00947S(27)

Όνομα πελάτη: SOMOLLI ENTERPRISES LTD Αρ. Ταυτ. I.D.Card
Customer's name
Διεύθυνση: 1 ROMANOS STR. NICOSIA
Address
Επάγγελμα Τηλ. Οίκος Τηλ. Γραφείου
Occupation Home Tel. Office Tel.

Συνέταιροι/Partners - Διευθυντές/Directors	Ημερ/νία Date	ΔΕΙΓΜΑ ΥΠΟΓΡΑΦΗΣ - SPECIMEN SIGNATURE	
Timoshenko Alexander			
Timoshenko Yuliay			
Gravets Alexander			

Παρατηρήσεις: Anyone of the above

Unterschriftenhinterlegung der beiden Timoschenkos und Gravez (hier Gravetz) bei einer Bank auf Zypern

lengelassen. Über die Gründe kann nur spekuliert werden.

Hingegen war klar, warum sie sich im Herbst mit Juschtschenko verbündete und den »Blok Juliji Timoschenko« (BJuT) ins Leben rief: 2002 sollte das neue ukrainische Parlament gewählt werden.

Zu den Ingredienzien ihres Wahlkampfes gehörte die Opfer- und Widerstandslegende, schließlich hatte sie für ihre »Überzeugungen« anderthalb Monate im Gefängnis gelitten. Und der Zopf. Das war nationale Folklore.

Warum, frage ich Obichod, habe die Anklage damals auf Bestechung gelautet?

Weil man irrtümlich davon ausgegangen war, dass das Trio Pawlo Lasarenko geschmiert habe, um über die EESU an das Gasgeschäft zu gelangen. Ein Krimineller als Ministerpräsident hätte sich damals außerhalb der Fantasie der Ermittler bewegt.

Und der zweite Tatvorwurf? Der habe auf Schmuggel gelautet, antwortet Obichod. »Wie würden Sie das nennen, wenn ein Geschäftsmann eine Ware über die Landesgrenze bringen, ohne diese beim Zoll oder in den Papieren anzugeben?« Es sei praktisch illegal Gas eingeführt und verkauft worden, was nicht in den Unterlagen ausgewiesen wurde.

So kann man das Anzapfen der Pipelines natürlich auch nennen.

Die drei führten zudem »virtuelle« Konten bei Banken in Nordzypern, also in der türkischen Zone, wie auch in der Ukraine, und ließen dort Scheinbuchungen vornehmen und das Geld zirkulieren. Mit solchen Luftbuchungen betrogen sie den ukrainischen Staat und erhöhten ihre persönlichen Gewinne, indem sie sich Steuern auf Geschäfte erstatten ließen, die nie getätigt worden waren.

Woher kommt diese kriminelle Energie, wo haben diese ehemaligen Sowjetbürger das gelernt? Und zweitens: Wo habe er, Obichod, gelernt, solche verworrenen Winkelzüge und Netzwerke zu erkennen?

Obichod zieht eine Grimasse. Er habe zeitlebens als Ermittler gearbeitet, davon elf Jahre zu Sowjetzeiten und dort auf dem Gebiet der Wirtschaft. Aber er räume ein: Das waren damals Lappalien im Vergleich zu dem, was im globalen Kapitalismus alles möglich ist. Er hätte gelernt, und auch Timoschenko. Außerdem hatte und hat sie gute Berater und Lehrmeister.

Namen?

Obichod lacht und schweigt.

Welche aus dem Ausland oder von hier?

»Aus der Ukraine. Einige ihrer früheren Berater sind heute sehr reiche Leute. Sie haben nicht nur für Timoschenko gearbeitet, sondern auch für sich. Sie sind potente Banker, Unternehmer usw.«

Es ist also dieser berühmt-berüchtigte Filz aus Politik, Wirtschaft und Medien gewachsen, sage ich, er müsse doch unablässig weiterermitteln.

Ja, natürlich, meint er, aber als der politische Machtwechsel 2005 erfolgte, gab es auch in der Generalstaatsanwaltschaft einen Kurswechsel: Die meisten Ermittlungsakten wurden geschlossen. Sie betrafen oft Personen, die nunmehr politisch das Sagen hatten. Da die Ermittler im Amt bleiben wollten, gab es von dort keinen Widerstand. Er selbst hatte schon drei Jahre zuvor die Behörde auf eigenen Wunsch verlassen. Er war damals 46 und hätte noch einige Jahre dort arbeiten können. Damit will Obichod andeuten, dass er sich vielleicht anders verhalten hätte nach der »Orangenen Revolution«, wenn er noch in der Generalstaatsanwaltschaft ermittelt hätte.

Und heute? Er habe zu den gegenwärtigen Ermittlern nur noch über eine Organisation ehemaliger Mitarbeiter der ukrainischen Rechtsschutzorgane Kontakt. Damit habe er abgeschlossen.

Was vielleicht ein wenig untertrieben ist. Er publiziert schließlich darüber, hält Vorträge und sitzt, wie bei jener Talkshow, im Fernsehen. Wenn man genau hinschaut, ist seine Taktik stets die gleiche. Er konfrontiert Personen mit ihren Aussagen und nachweisbaren Handlungen, die sie der Lüge überführen, getreu der Volksweisheit: Wer einmal lügt, dem glaubt man nie. Obichod erschüttert die Glaubwürdigkeit. Das macht die Attackierten wütend, aggressiv, weil sie spüren, dass ihr moralisches Fundament zerbröselt. Moral ist die Basis, auf der Politiker stehen – zumindest vermitteln sie ihren Wählern diesen Eindruck. In diesem Business ist Glaubwürdigkeit das Wichtigste.

Und wenn diese in die Binsen geht, können sie einpacken und ihren Hut nehmen – wie etwa Nixon oder Berlusconi.

Das weiß Julija Timoschenko. Das weiß aber auch Mikola Obichod. Darum arbeitet er wie ein Presslufthammer und zerlegt das Fundament, nicht aus sportivem, sondern aus professionellem Ehrgeiz. Er war Staatsanwalt, er ist noch immer Anwalt des Staates, jener übergeordneten Instanz, die die Regeln bestimmt, welche ausnahmslos für alle Staatsbürger gelten – für den Mann auf der Straße wie für die Oligarchin in ihrem Palast. Wer den Staat um seinen Anteil betrügt, ob nun um wenige Grywna oder um Millionen Dollar, den nimmt er unterschiedslos ran. Ohne Ansehen der Person und des Standes, egal, ob sie ihm mit Heerscharen bezahlter Anwälte oder Demonstranten aufs Korn nehmen, ob man im Ausland »Diktatur« schreit und Verträge auf Eis legt: Er bleibt hart. Mögen andere opportunistisch einknicken, der Generalleutnant der Justiz Obichod nicht. Da trägt er den Dienstgrad zu Recht.

So erinnerte der General sechs Jahre später daran, dass im Januar 2005 die Generalstaatsanwaltschaft der Ukraine neuerlich die wiederaufgenommenen Ermittlungen gegen Timoschenko einstellte, besser:

einstellen musste. Nun kann sich jeder selbst einen Vers darauf machen, warum dies zu eben jenem Zeitpunkt geschah – nämlich als Timoschenko von Präsident Juschtschenko zur geschäftsführenden Ministerpräsidentin berufen und am 4. Februar 2005 vom Parlament bestätigt wurde. An Zufall mag man kaum glauben. In diese öffentliche Erinnerung baute Obichod eine Aussage Lasarenkos ein, die dieser am 26. Dezember 1997 gemacht hatte. Sie wurde damals von der *Stimme der Ukraine* verbreitet und lautete: »Ich möchte erklären, dass ich keine Währungskonten in ausländischen Banken habe«, und mitleidheischend hatte er angefügt: »Die Behörden haben Angst vor der wachsenden Zustimmung zur Partei *Gromada*, sie verbreiten Lügen über uns und versuchen, unseren guten Namen vor den Wählern anzugreifen.«

Dazu muss man wissen, dass diese Partei »Gromada« (auch Hromada geschrieben) von Lasarenko 1994 gegründet wurde, sie sollte bei den Parlamentswahlen vier Jahre später 4,7 Prozent bekommen, von den 24 Mandaten waren in der Dnipropetrowsker Region – seiner Region – acht Sitze direkt gewonnen worden, darunter einer von Julija Timoschenko. Nachdem Lasarenko aus dem Land geflüchtet und in den USA verhaftet worden war, verließen viele Abgeordnete – darunter auch Timoschenko – Fraktion und Partei, worauf die Werchowna Rada am 29. Februar 2000 die Gromada-Fraktion auflöste. Zu den Wahlen 2002 trat die Partei schon nicht mehr an. Interessant ist, dass in Timoschenkos Internet-Auftritten (z. B. *http://de.wikipedia.org/wiki/Julija_Tymoschenko*) weder

KEVIN V. RYAN (CSBN 118321)
United States Attorney

ROSS W. NADEL (CSBN 87940)
Chief, Criminal Division

MARTHA BOERSCH (CSBN 126569)
JONATHAN R. HOWDEN (CSBN 97022)
PETER AXELROD (CSBN 190843)
Assistant United States Attorneys

HALLIE A. MITCHELL (CSBN 210020)
Trial Attorney, U.S. Department of Justice

450 Golden Gate Avenue, Box 36055
San Francisco, California 94102
Telephone: (415) 436-7200

Attorneys for Plaintiff

UNITED STATES DISTRICT COURT

NORTHERN DISTRICT OF CALIFORNIA

SAN FRANCISCO DIVISION

UNITED STATES OF AMERICA, Plaintiff, v. PAVEL LAZARENKO, Defendant.	No. CR 00-0284 MJJ SUPPLEMENTAL MOTION IN LIMINE TO ADMIT STATEMENTS OF YULIA TYMOSHENKO AS CO-CONSPIRATOR STATEMENTS

The United States hereby supplements its motion in limine to admit statements made by Yulia Tymoshenko, an un-indicted co-conspirator, during the course of and in the furtherance of the conspiracy and the scheme to defraud.

*Aus der US-Klageschrift gegen Lasarenko von 2004,
in die die Causa Timoschenko aufgenommen wurde*

Intimus Lasarenko noch dessen Partei »Gromada« namentlich erwähnt werden. Zwar heißt es dort, dass Timoschenko 1996 »mit großer Stimmenmehrheit für den Wahlkreis Kirowohrad in das ukrainische Parlament gewählt« wurde, sie bleibt aber die Auskunft schuldig, auf welchem Ticket das erfolgte. Stattdessen heißt es: »1999 gründete sie gemeinsam mit ihrem langjährigen politischen Weggefährten Oleksandr

The indictment further alleges that between April 8, 1996 and December 31, 1996, rather than pay RAO Gazprom for the delivered gas with the money that had been transferred to UEIL, UEIL transferred approximately $140,000,000 to Somolli Enterprises, a Cypriot company that was registered in Cyprus on October 8, 1992, and was controlled by Yulia Tymoshenko and others. Between April 1996 and June 1997, Somolli Enterprises and UESU transferred a total of approximately $97,000,000 into accounts that were controlled by Kiritchenko in Switzerland, Poland, and the United States, including transfers totaling approximately $13,000,000 to bank accounts in the Northern District of California. Between February of 1996 and September of 1997, the money from Somolli, along with other funds, totaling more than $120,000,000 was transferred from Kiritchenko's accounts into accounts controlled by Lazarenko in Switzerland and Antigua. Thereafter, the indictment alleges, Lazarenko transferred portions of these funds from Switzerland into bank accounts in the Northern District of California, including two

Auszug aus der Klageschrift gegen Lasarenko von 2004. Timoschenko überwies zwischen April 1996 und Juni 1997 auf Konten in der Schweiz, Polen und USA 97 Millionen

Turtschynow die Partei *Batkiwschtschyna*, deren Vorsitzende sie bis heute ist.«

Obichod erinnerte also seinerzeit an Lasarenkos wahrheitswidrige Erklärung von 1997, er habe *keine* Konten im Ausland, und verwies auf die Feststellung des Gerichtes in den USA, welches im Prozess gegen den Ex-Premier Dutzende Bankverbindungen auflistete, auf denen sich rund 280 Millionen Dollar befanden. Timoschenko, die ihr Scherflein zu dieser erklecklichen Summe beitrug, hatte zuvor nämlich ebenfalls behauptet, keine Konten bei ausländischen Geldhäusern zu führen. Mehr noch: Die Einstellung der diesbezüglichen Ermittlungen der Generalstaatsanwaltschaft Anfang 2005 nahm sie gar als Rehabilitierung.

Der Oberste Gerichtshof der Ukraine hat sie niemals rehabilitiert, sagt Obichod entschieden. Eine angeordnete Einstellung der Ermittlungen ist weder ein Freispruch noch eine Rehabilitierung.

Wider besseren Wissens wiederholte Timoschenko in eben jener Talkshow am 14. Mai 2010: »Der Oberste Gerichtshof hat sein letztes Wort gesprochen und bestätigte das Fehlen des Tatbestandes einer strafbaren Handlung.« Man habe alle Bankverbindungen überprüft, aber kein Konto und keine Kopeke gefunden, die die Anschuldigungen bestätigt hätten.

Dagegen setzt nun Obichod die Ausführungen von Timoschenkos zeitweiligen Weggefährten Juschtschenko. Der habe, wie es das Protokoll der Sitzung des Rates für Nationale Sicherheit und Verteidigung der Ukraine am 10. Februar 2009 ausweist, der Ministerpräsidentin an den Kopf geworfen: »Sie haben, Gott verzeihe mir, ein Talent zum Diebstahl.« Und der gottesfürchtige Präsident wurde noch deutlicher: »Julija Wolodymyriwna, Sie haben regelmäßig Gas gestohlen, und jetzt belehren Sie uns, wie die Korruption zu bekämpfen sei! Bei Ihnen selbst beruht alles auf Bestechung.«

Obichod hat minutiös aufgelistet, wie viel wann an wen warum gezahlt wurde, das ist alles in den Ermittlungsakten der Generalstaatsanwaltschaft unter dem Punkt III »Bestechung« aufgeführt, die damals dem Parlament zugestellt und später, in der Nr. 36 der Wochenzeitung *2000* im September 2002, veröffentlicht wurden. In sein Buch hat er die Listen ebenfalls aufgenommen.

Lasarenko sorgte dafür, dass der von Timoschenko geführte Energiekonzern EESU (»eingetragen ins Register am 21. November 1995 durch das Exekutivkomitee des Stadtrates der Volksdeputierten der Stadt Dnipropetrowsk«) bereits vier Wochen später mit dem russischen Staatskonzern Gazprom einen Vertrag über die Lieferung von 25,118 Milliarden Kubikmeter Erdgas im Jahr 1996 schließen konnte. Volumen: etwas mehr als zwei Milliarden Dollar. Teil dieses Deals war, dass die Ukraine Waren im Wert von 300 Millionen an das russische Verteidigungsministerium lieferte, gleichsam als Bonus und Schmiergeld.

Am 31. Dezember 1996 schlossen Timoschenkos EESU und Gazprom den nächsten Vertrag über die Lieferung von 15,5 Milliarden Kubikmeter Erdgas im Jahr 1997 für etwa 1,24 Milliarden Dollar. Dafür bekam Lasarenko von der von Timoschenko auf Zypern geführten Gesellschaft Somolli Enterprises Ltd. eine Provision von 84 Millionen Dollar überwiesen …

So zieht es sich denn über mehrere Seiten. Kontobewegungen rund um den Globus sind aufgeführt, Name und Hausnummern werden genannt. Es kann davon ausgegangen werden, dass dies nicht von Ermittlern erfunden, sondern akribisch nachgezeichnet wurde: ein mafiotisches Netzwerk, welches seine Betreiber mit krimineller Energie und Fantasie geknüpft hatten, so komplex und so kompliziert, dass es nur schwer verständlich verbal beschrieben werden kann. Deshalb gibt es Organigramme, Grafiken und Übersichten im Buch.

Generalleutnant der Justiz Mikola Obichod

Ich fürchte, auch dann ist es Außenstehenden nur
schwer zu vermitteln. Jedoch bleibt das begründete
Gefühl, dass diese Frau auf Recht und Gesetz pfiff
und stets wusste, wo Barthel den Most holte. Raffen, raffen, raffen lautete die Devise, die sie selbst –
wenngleich verklausuliert – einmal für sich rekla-
miert hatte. Jener namenlose Journalist, den ihre
Biografen Popov und Milstein mit der sehr feinen
Beobachtung zitieren, dass sie »absolut kein Verhältnis zur Wirklichkeit hat«, irrte gewiss nicht. »Sie ist
nicht fähig, sich reale Ziele zu stecken. Sie setzt sich
unreale. Menschen, die mit ihr zusammenarbeiten,

würden sich nicht wundern, wenn sie verlangen würde, umgehend zum Mars zu fliegen. Sie würden salutieren und sich um Tickets für den nächsten Marsexpress bemühen.« Das erklärt nicht die Herkunft ihrer kriminellen Energie, wohl aber ihre oft irrationalen Handlungen und Ausführungen. Timoschenko hat ganz offenkundig irgendwann die Bodenhaftung verloren.

Obichod durchforstete, was logisch ist, auch die Vernehmungsprotokolle im Lasarenko-Verfahren in den USA und fand dort – etwa im Vernehmungsprotokoll von Kiritschenko – interessante Hinweise. Der Berater des Ministerpräsidenten belastete seinen ehemaligen Freund im April 2001 ziemlich schwer. Auf die Frage des Vernehmers nach den verschiedenen Firmenkonten, die Kiritschenko verwaltete, und der Verwendung der Zahlungseingänge antwortete er, dass man sich die Gelder – entsprechend der getroffenen Vereinbarungen – stets geteilt habe. Jedoch: »Die Überweisungen von Somolli (*also vom Timoschenko-Konto auf Zypern – F. S.*) sind Zahlungen, die ausschließlich zugunsten von Lasarenko geleistet wurden.«

Auf Nachfrage, ob zwischen der Timoschenko-Firma auf Zypern und dem von ihm, Kiritschenko, geleiteten Unternehmen Orphin S. A., auf dessen Konto ihre Zahlungen eingingen, geschäftliche, also vertragliche Beziehungen existierten, die die Geldbewegungen erklären würden, antwortete Kiritschenko knapp: »Keine.«

Es ist wohl mehr als unüblich, dass eine Firma A einer Firma B Millionenbeträge überweist, ohne dass dafür eine Rechnung oder ein anderer dokumentierter Grund vorliegt. Jegliche Art von Geldverkehr wird belegt, insbesondere zum Nachweis für den Fiskus, der in jedem zivilisierten Land dafür Steuern erhebt, wenn dieses Geld nicht nur aus wirtschaftlicher Tätigkeit entspringt, sondern auch Teil der wirtschaftlichen Tätigkeit ist.

Drei Jahre später, am 30. März 2004, hieß es in einem Zusatzantrag des US-Gerichts im Verfahren gegen Lasarenko, dass Kiritschenko ferner ausgesagt habe, Lasarenko hätte als der von Kutschma in Dnipropetrowsk eingesetzte Gebietschef »50 Prozent der Einnahmen von verschiedenen Unternehmen, die in der Regionen tätig waren, die Hälfte der Einnahmen der Firma KUB inklusive, die Julija Timoschenko gehörte«, kassiert. Lasarenko habe gewünscht, dass alle diese Gelder über Konten von Kiritschenko liefen, obgleich er selbst sehr wohl die Übersicht behielt. »Manchmal nannte Lasarenko die Namen von Personen, von denen er Überweisungen erwartete, einschließlich Timoschenko und ihres Partners Oleksandr Gravez.«

Einige Male wäre Kiritschenko, so im US-Papier von 2004, Ohrenzeuge von Telefonaten zwischen Lasarenko und Timoschenko gewesen, in denen dieser auf bestimmten Zahlungen bestand. Einmal, das war Ende 1995, Anfang 1996, hätte er erlebt, wie sich an Bord eines Privatflugzeuges Timoschenko bei Lasarenko beschwert habe, dass sie ihm zu viel zahle, und darum verlangte sie die Rückzahlung eines bestimmten Betrages durch Lasarenko.

Obichod steckt tief in der Materie. Er hat die Wurzeln freigeschaufelt, nun will er erkennbar auch die Axt anlegen, obwohl er »draußen« ist. Das möchte er schon seit Jahren, bis ihm »der Staat« in Gestalt des Staatspräsidenten und der Ministerpräsidentin die Instrumente und die Akten nahm. Was ist die Gründung einer Bank gegen den Einbruch in eine Bank, fragte Brecht. Warum gegen einen Staat arbeiten, wenn man ihn sich untertan machen kann, indem man die höchsten Staatsämter, die Kommandostellen der Gesellschaft, besetzt? Warum putschen, wenn es doch auch »demokratisch« geht?

Juschtschenko muss irgendwann kalte Füße bekommen haben, weshalb er sich von Timoschenko trennte. Seine Wahlallianz *Nascha Ukrajina – Narodna Samooborona* (NU-NS), die nach der Wahl Ende 2007 mit Timoschenkos BJuT im Parlament koalierte und Timoschenko erneut zur Ministerpräsidentin wählte, stieg im September 2008 aus dieser Koalition aus. Nach drei Monaten einigten sich Präsident Juschtschenko und die amtierenden Ministerpräsidentin aber auf die Fortsetzung ihres Zweck-Bündnisses. Doch die Rivalität zwischen beiden blieb, und als Timoschenko wenige Wochen später in Moskau einen Gas-Vertrag mit ihrem russischen Amtskollegen Putin schloss, ohne ihr Kabinett daheim darüber zu informieren, lief das Fass über. Präsident Juschtschenko selbst rief nach dem Staatsanwalt, und 2011 fällte das Gericht das bekannte Urteil über Julija Timoschenko in Höhe von sieben Jahren Haft.

Was da in Moskau unter vier Augen besprochen wurde, wissen nur die beiden. Was ist aber bekannt?

An den Gaslieferungen in die Ukraine und am Transit nach Westeuropa verdienen etliche Leute, die sich Vermittler oder Zwischenhändler nennen. Ihre Einschaltung ist so zwingend wie die der meisten Provisionsjäger auf der Welt, welche sich stets zwischen zwei Geschäftspartner drängen, wenn Geld bewegt wird.

So verkaufte der russische Staatskonzern Gazprom sein Gas nicht etwa an ein ukrainisches Unternehmen, sondern an die 2004 gegründete und als Briefkastenfirma im schweizerischen Zug existierende Handelsunternehmen RusUkrEnergo AG. Der Name deutet auf ein russisch-ukrainisches Gemeinschaftsunternehmen, was es aber nicht ist. Die eine Hälfte gehört – über eine Tochterfirma – der Gazprom, 45 Prozent der Aktien hält Dmytro Firtasch und die restlichen fünf Iwan Fursin. Firtasch, Jahrgang 1965, stammt aus Dnipropetrowsk (sic!) und ist seit 2000 im Gasgeschäft tätig. Seine 2001 gegründete und in Ungarn niedergelassene Eural TG, die Transitgeschäfte mit russischem Gas in die Ukraine abwickelte, wurde schon nach drei Jahren wegen Verbindungen zur Organisierten Kriminalität liquidiert. Im gleichen Jahr entstand die RusUkrEnergo AG, die in die Verträge von Eural TG mit Gazprom einstieg. An dieser RusUkrEnergo ist, wie bereits erwähnt, Firtasch mit 45 Prozent beteiligt, dieser gilt als einer der reichsten Männer der Ukraine. Dennoch meinen Insider, das selbst er nur ein Strohmann sei, hinter ihm stünden andere Kaliber.

Julija Timoschenko brachte Semjon Judkowitsch Mogilewitsch ins Gespräch, 1946 in Kiew geboren, Absolvent der Lemberger Universität, zu Sowjetzeiten zweimal zu Haftstrafen verurteilt, u. a. weil er ausreisende Juden um ihre Wertsachen brachte. Das gemachte Geld investierte er in Waffenhandel und Prostitution, 1990 emigrierte er bereits als Dollarmillionär nach Israel. Zwei Jahre später zog Mogilewitsch weiter nach Budapest und erhielt durch Heirat zur israelischen, russischen und ukrainischen auch noch die ungarische Staatsbürgerschaft. Mogilewitsch wird weltweit wegen Erpressung, Geldwäsche und Betrug gesucht, seit Oktober 2009 steht er auf der FBI-Fahndungsliste der zehn meistgesuchten Verbrecher.

Dieser Fingerzeig Timoschenkos und ihre – scheinbar begründete – Entrüstung über die Beteiligung von RusUkrEnergo (»Ich sehe nicht ein, wozu zwei Staaten, die durch eine Gasleitung verbunden sind, eine derart absurde Struktur brauchen. Für die Leitung ist kein Vermittler vonnöten«) verstellen absichtsvoll den Blick aufs Wesentliche.

RusUkrEnergo kaufte Gas bei Gazprom und zahlte für tausend Kubikmeter 230 Dollar. Die Ukraine gab für die gleiche Menge 90 Dollar. Moment mal, das war doch ein Verlustgeschäft? War es nicht. Denn RusUkrEnergo bekam wegen dieser Konditionen das Recht zugestanden, Gas aus Russland und Turkmenistan auf eigene Rechnung nach Westeuropa zu verkaufen. Und damit machte man nicht nur das Defizit wett, sondern Milliarden auf dem internationalen Gasmarkt.

Wie leicht und wie viel Geld dort zu verdienen ist, weiß Timonschenko seit den 90er Jahren, als sie die Gasprinzessin war. Deshalb sagte sie der »skupellosen Schattenwirtschaft« entschlossen den Kampf an – um RusUkrEnergo durch einen ihr nahestehenden Zwischenhändler zu ersetzen. Ende 2008 unterzeichneten Timoschenko und Putin in Moskau ein Memorandum, der Zwischenhändler RusUkrEnergo wurde aus dem Geschäft herausgedrängt. Ab 2009 sollten Gazprom und der staatliche ukrainische Energiekonzern Naftogaz die Geschäfte direkt regeln. Der Preis für tausend Kubikmeter, den die Ukraine fortan zahlen würde, sollte 179 Dollar betragen. Und um den Preis freundlicher fürs Volk zu gestalten, hieß es, dass Gazprom höhere Preise für den Transit nach Westeuropa zahlen würde.

Dazu kam es jedoch nicht. Weil RusUkrEnergo Gazprom beträchtliche Zahlungen schuldete, stoppte der russische Konzern die Lieferungen, weshalb auch in Westeuropa kein Gas ankam. Um die Millionenmaschine wieder anzuwerfen, schlossen Timoschenko und Putin am 20. Januar 2009 einen neuen Vertrag. Der entscheidende Punkt darin war die Eliminierung von RusUkrEnergo. Dessen Verbindlichkeiten in Höhe von 1,7 Milliarden Dollar und das gebunkerte Gas des nunmehr erfolgreich ausgeschalteten Konkurrenten aber übernahm Naftogaz.

Anfang März 2009 stürmten schwer bewaffnete Einsatzkräfte des Sicherheitsdienstes SBU im Auftrag von Präsident Juschtschenko die Zentrale von Naftogaz in Kiew und stellten Unterlagen sicher. Es werde gegen Mitarbeiter wegen Unterschlagung ermittelt, hieß es, weil begründeter Verdacht bestehe, das 6,3 Milliarden Kubimeter Gas – Wert rund 700 Millionen Euro – aus den ukrainischen Transitleitungen abgezweigt worden wären. Aber wer machte das? Kleine Mitarbeiter bei Naftogaz?

Das Parlament beschloss die Absetzung des Außenministers Wolodomyr Ohrysko. Prügelte man den Sack und meinte den Esel? Oder war er nur ein Bauernopfer? Denn es stimmten auch sehr viele Abgeordnete der Regierungspartei von Timoschenko für die Absetzung Ohryskos.

Die Ausschaltung von RusUkrEnergo mit der Begründung der Korruptionsbekämpfung verfing offenkundig nicht. Es habe sie geärgert, nie am Gewinn beteiligt gewesen zu sein, höhnten nicht nur ihre politischen Gegner. Auch viele ihrer Parteigänger wussten es – und stimmten deshalb gegen Timoschenko.

Im Schiedsgericht der Stockholmer Handelskammer, einer international geachteten Einrichtung, klagte RusUkrEnergo auf Herausgabe seiner elf Milliarden Kubikmeter Erdgas. Die Aussicht war gering: Das Unternehmen hatte das Gas ja nicht bezahlt.

Am 7. Mai 2010 aber gab es eine jähe Wendung. Naftogaz räumte in Stockholm ein, dass die Übernahme des Gases im Vorjahr illegal, also nicht korrekt gewesen sei. »Nach in der Presse veröffentlichten Dokumenten, deren Echtheit nicht angezweifelt wurde, hat vor allem dieses Geständnis dann die Schiedsstelle veranlasst, das Gas RosUkrEnergo zuzusprechen«, berichtete die *Frankfurter Allgemeine Zeitung* am 24. Juli 2010. »Falls es nicht mehr verfügbar ist, kann die Firma, die das Gas seinerzeit zum Sonderpreis von 1,7 Milliarden Dollar von Gazprom bekommen hat, nun den aktuellen Marktpreis fordern – 4,95 Milliarden Dollar zuzüglich zehn Prozent Vertragsstrafe.«

»Blok Julij« macht mobil für die Unschuld vom Lande

Ich bewundere Obichod, wie er mit Fakten und Zahlen jongliert, er tut dies mit der Souveränität und Gelassenheit eines Mannes, der sich seines Urteils sicher ist. In Bezug auf Timoschenko.

Bei der ukrainischen Gesellschaft ist er sich nicht so sicher. Denn auf die Frage, wohin die Reise geht, lächelt er nur. Ich solle ihn in fünf Jahren noch einmal fragen, sagt er, und schreibt schwungvoll seinen Namen in sein Buch mit den kyrillischen Lettern.

Wissen Sie, sagt er, wir haben bis Juli 2002 über achttausend Aktenordner mit Dokumenten zum

Komplex Timoschenko/Lasarenko zusammengetragen. Das waren Dokumente über Amtsmissbrauch und Wirtschaftsvergehen, Bankbelege und Finanzpapiere, Expertengutachten, Zeugenaussagen, Steuerprüfungen, Befragungen von beteiligten Personen, Papiere aus Dutzenden Staaten, Untersuchungen der Mordkommissionen in mehreren Fällen, etwa die Auftragsmorde am Abgeordneten Scherban und an dem Finanzfachmann Wadim Hetman, die vereitelten Anschläge auf Oleksandr Wolkow und Igor Bakaj und vieles mehr. Es wurde von allen Ermittlern in jenen vier, fünf Jahren eine gewaltige Arbeit geleistet, um Recht und Ordnung durchzusetzen. Sie wurde damals abgebrochen. Wir müssen sie wiederaufnehmen und fortführen, um konsequent Rechtsstaatlichkeit in der Ukraine durchzusetzen. Alles andere wird sich dann schon finden. Auch Demokratie, auch Menschenrechte.«

Sind aber sieben Jahre nicht trotzdem zuviel?

Obichod wirft mir einen erstaunten Blick zu. »In der Sowjetunion gab es für eine Flasche Schnaps oder eine Wurst, die man als Bestechung verstand, mitunter acht bis zehn Jahre. Wir reden hier über mehrere Millionen Dollar, die – wie sagt man bei Ihnen in Deutschland? – zur politischen Landschaftspflege eingesetzt wurden. Es wurde hier geschmiert und gemordet wie im Wilden Westen im 19. Jahrhundert. Ich denke, dafür sind die verhängten Strafen angemessen.«

Julija Timoschenko und Pussy Riot – Ausgang offen

Daheim sortiere ich Aufzeichnungen, Unterlagen, Fotos und Eindrücke. Natürlich ist das alles subjektiv, mehr eine Momentaufnahme denn eine tiefschürfende Analyse, dazu fehlten Zeit und Einblicke. Man sieht, was man weiß, wusste schon Fontane. Was weiß ich über die Ukraine? Jetzt ein wenig mehr als vordem, aber viel ist es nicht. Der einzige Trost: Es ist vermutlich dennoch etwas mehr, als die Mehrheit meiner Landsleute weiß. Das Quantum darüber lohnt vielleicht der Mitteilung, denn außer den Schlagworten und Stereotypen, die in den Medien in Verbindung mit dem Namen Timoschenko auftauchen, gibt es kaum Gelegenheit, mehr über Land und bestimmte Leute zu erfahren.

Kaum dass ich darüber öffentlich Mitteilung gemacht habe, ich plane ein Buch über die Person, die hierzulande wie eine Heilige behandelt wird, gibt es erstaunliche Reaktionen. Die einen sind irritiert, als ich sage, dass ich Timoschenko kritisch sehe. Das Missfallen ist nicht zu überhören, es scheint, als beabsichtige ich, mich der Blasphemie schuldig zu machen. Das Standbild der Schutzpatronin der ukrainischen Demokratie ist wie in Erz gegossen und steht unverrückbar im öffentlichen Bewusstsein. Auch wenn man sonst nichts über die Ukraine weiß – das weiß man ganz genau, wer sie ist.

Merkwürdigerweise erreichen mich auch Anfragen aus dem Ausland, von Luxembourg bis zu den Leninbergen – die *Zeitung vum Letzebuerger Vollek* will vorab was bringen, die Moskauer *Iswestija* ein Interview. Die Berliner Korrespondentin eines Kiewer Senders wünscht mich zu sprechen, ebenso eine islamische Internetplattform, die im Verfassungsschutzbericht genannt wird, weil angeblich der Iran dahinter stünde.

Das alles verblüfft. Woher nur dieses auswärtige Interesse, bevor das Buch überhaupt erschienen ist? Ist man die uniforme deutsche Sicht leid, die täglich in der Causa Timoschenko in die Welt gesendet wird? Warum die Russen reagieren, kann ich mir erklären. Die Ukraine ist die Brücke nach Europa, die Frage also ist: Wie wird sie sich entscheiden? Flüchtet sie sie sich in den Westen und geht damit der Nachbar verloren? Denn dass in dieser Grundsatzentscheidung der Fall Timoschenko eine Schlüsselrolle besitzt, ist spätestens beim Boykott der Fußball-EM durch westeuropäische Politiker auch in Moskau bemerkt worden.

Ich beantworte wunschgemäß die Fragen der *Iswestija* in Moskau, bereits am nächsten Tag ist das Interview im Internet zu lesen. Das kann, denke ich, auch ein Abschluss des Buches sein könnte. Ein Leonid Kosak kommentiert das Gespräch, dass es offenkundig auch unter den Deutschen Debile gebe. Wie man sieht, gehen also auch in Russland die Auffassungen über Timoschenko deutlich auseinander.

Warum haben Sie Ihr Buch »Die Gauklerin. Der Fall
Timoschenko« genannt? Ist diese Politikerin wirklich
eine Gauklerin?

Die Interpretation geht in die falsche Richtung.
1978 gab es in der DDR ein sehr erfolgreiches Buch
von Harry Thürk, in welchem er über einen fiktiven
russischen Dichter schrieb, der von einer US-Professorin als Autor gewonnen werden soll. Die Sache
wird, ohne dass sich die Protagonisten dessen bewusst sind, zunehmend von den Geheimdiensten
gesteuert, der Dichter wird zum Dissidenten. Thürk
schildert das Zusammenspiel von Politik, Geheimdiensten, Kunst, Wissenschaft und Wirtschaft zu
Zeiten des Kalten Krieges auf beiden Seiten. Bei diesem vielschichtigen Politthriller handelt es sich um
einen Schlüsselroman: Der Romanheld Wetrow hat
viel Ähnlichkeit mit Solshenizyn. Thürk nannte ihn
einen Gaukler. Denn Gaukler sind Unterhaltungskünstler, die mit Zaubertricks und anderen Kunststücken dem Beobachter etwas suggerieren, was
nicht ist.

Ich wollte mit dem Titel assoziativ an dieses hierzulande sehr bekannte Buch anknüpfen und gleichzeitig jenen, die Thürks Buch nicht kennen, signalisieren: Liebe Leser, hier ist viel Künstlichkeit, viel
Suggestion im Spiel. Was ihr zu wissen meint oder
was ihr für die Wahrheit haltet, ist möglicherweise
eine Inszenierung – wir schauen jetzt mal etwas
genauer hin und hinter die Fassade.

Wird das Buch auch ins Ukrainische übersetzt, gibt es
eine russische Ausgabe?

Das weiß ich nicht. Bisher ist jedenfalls noch kein Verlag an uns herangetreten, der die Lizenz haben möchte. Was ja nicht heißt, dass es nicht noch passieren könnte. Wobei natürlich der Text sich zunächst an deutsche Leser richtet, deren Kenntnis über Land und Leute vergleichsweise gering ist. Seit 1990 wächst das Desinteresse insbesondere an Staaten im Osten, etwa Russland und der Ukraine, was ich für bedauerlich halte, und darum versuche ich, dagegen anzuschreiben. Europa endet nicht dort, wo früher die Frontlinie von NATO und Warschauer Pakt verlief. Aber in der Wahrnehmung vieler Menschen hierzulande ist es noch immer so. Alles was Slawisch ist, gilt als fremd und unheimlich. Die Medien tun ein Übriges.

Wer ist eigentlich Julija Timoschenko – die Ikone der Orangenen Revolution, Verfechterin der Demokratie oder eine korrupte Politikerin, die enge Verbindungen zur Unterwelt hat?

Solche Etikettierung bringt nichts, sie vereinfacht unzulässig. So wenig wie die »Orangene Revolution« eine Revolution war – welcher gesellschaftliche Umbruch soll dort stattgefunden haben? –, so wenig handelt es sich bei Timoschenko um eine Säulenheilige, um eine Bannerträgerin der Demokratie. Sie ist eine clevere Politikerin, die den meisten ihrer Kollegen in der Ukraine intellektuell überlegen ist. Alles, was sie seit anderthalb Jahrzehnten unternimmt, geschieht aus Kalkül. Selbst als sie sich 1996 als Unternehmerin ins Parlament wählen ließ. Dorthin hatten sich auch schon andere geflüchtet, um sich mit der Immunität eines Abgeordneten vor möglicher Strafverfolgung zu schützen.

Es ist ein offenes Geheimnis, dass Timoschenko Gesetze der Ukraine übertreten hat, und dafür wurde sie verurteilt, und es werden noch weitere Verfahren folgen, wie man mir sagte. Sie trägt keine weiße Weste, das weiß sie selber auch. Im Westen hingegen war sie die Politikerin, die sich als Ministerpräsidentin

Sehr überzeugt scheint er nicht zu sein

gemeinsam mit Präsident Juschtschenko für den Beitritt der Ukraine in NATO und EU engagierte. Und es gab damals entsprechende Avancen aus Brüssel.

Die neue Administration hat keine Ambitionen, NATO-Mitglied zu werden und die Ukraine in eine Frontstellung zu Russland bringen zu lassen. Mit einer solchen Haltung ist Kiew für den Westen uninteressant. Um nun aber von den Versprechungen, die man der Ukraine gemacht hat, zurücktreten zu können, musste die EU einen Grund finden, damit der Schwarze Peter in Kiew bleibt und Brüssel sein Gesicht behält.

So »erfand« man Timoschenko und die angebliche Verletzung der Menschenrechte und die üblichen Märtyrer-Geschichten, die man in solchen Fällen immer bringt. Gäbe es den Fall Timoschenko nicht, hätte man etwas anderes gefunden. Der Westen braucht also Timoschenko – wie eben Timoschenko den Westen braucht, um freizukommen. Sie spielt sehr geschickt auf dieser Klaviatur, oder anders gesagt: Sie versucht auf diesem internationalen Feuer – hier geht es um das Verhältnis zwischen dem größten europäischen Staat in Europa, der Ukraine, und der Europäischen Union – ihr privates Süppchen zu kochen. In ihrer PR-Arbeit agiert Timoschenko sehr geschickt und sehr erfolgreich. Und manchmal habe ich den Eindruck, dass sich die Regierenden in Kiew von ihr ganz schön vorführen lassen.

Sie trafen sich mit der ehemaligen Premierministerin der Ukraine in Charkiw? Was hat Sie besonders in dieser Frau beeindruckt?

Ich war zwar in der 9. Etage des Eisenbahner-krankenhauses in Charkiw, ich saß in ihrer Zelle im dortigen Frauengefängnis wie ich auch die Zelle im Untersuchungsgefängnis in Kiew besichtigte, ich sprach mit Zellengenossinnen, mit ihrer Psychologin, mit dem Gefängnispersonal, mit dem Leiter des Hospitals und vielen anderen Personen, die mit ihr unmittelbar zu tun hatten – aber ein Gespräch mit ihr selbst hatte ich nicht. Es wurde mir nicht gestattet. Offen gestanden: Das hat mich zwar ein wenig enttäuscht, aber wiederum auch nicht sonderlich betrübt. Was Julija Timoschenko denkt und sagt, lese ich täglich in den deutschen Zeitungen. Die Meinungen anderer hingegen kommen in unserer Presse kaum vor. Deren Sicht interessierte mich vorrangig.

Wenn mich überhaupt etwas an Frau Timoschenko beeindruckt, dann allein ihre Fähigkeit, vom Krankenbett aus eine PR-Kampagne zu steuern, die atemberaubend ist. Die Mehrheit der Medien in Westeuropa tanzt nach ihrer Pfeife. In professioneller Hinsicht kann ich da nur sagen: Chapeau!

Glaubten Ihre Gesprächspartner, dass Timoschenko zu Recht verurteilt wurde? Oder meinen sie, dass das Urteil politisch motiviert ist?

Nach meinem Eindruck – und der ist zugegebenermaßen oberflächlicher Natur – gehen die meisten Menschen dort auf Distanz zur Politik. Für sie sind das alles Banditen, Timoschenko eingeschlossen, weil die nur auf ihr eigenes Fortkommen bedacht seien. Das hängt wohl mit den Erfahrungen der Ver-

Sticker von Timoschenkos Partei Batkiwschtschyna auf einem Plakat des Präsidenten Wiktor Janukowitsch

gangenheit zusammen: Versprechungen wurden von keinem gehalten. Juschtschenko, zum Beispiel, wurde 2005 als Messias ins Amt protestiert, fünf Jahre später bekam er bei den Präsidentenwahlen keine sechs Prozent mehr.

Und dennoch lassen sich viele immer wieder verführen. Wenn ich sehe, dass bei den aktuellen Umfragen BJuT, die Partei von Timoschenko, bei zwanzig Prozent liegt, dann stellt sich die Frage nach der Dauerhaftigkeit von Erinnerung. Offenkundig befällt viele Wähler kollektive Amnesie (im Übrigen eine Krankheit, die es auch in Deutschland gibt).

Ein wesentliches Element der Rechtsstaatlichkeit ist die Strafverfolgung, die Durchsetzung der Gesetze ohne Ansehen der Person. Auch Ex-Ministerpräsidentinnen sind vor dem Gesetz gleich, auch wenn diese selbst es anders sehen. Timoschenko hat es geschickt vermocht, die berechtigte und nötige juristische Verfolgung als politischen Racheakt darzustellen. Halten zu Gnaden: Ihr Förderer Lasarenko wurde in den USA wegen Geldwäsche und Korruption zu neun Jahren Haft verurteilt. Wegen vergleichbarer Vergehen bekam Timoschenko sieben Jahre in der Ukraine. In den USA ist es rechtens, in der Ukraine Verletzung der Menschenrechte und politische Rache. Das ist doch verlogen und heuchlerisch. Als der ehemalige israelische Präsident Katzav wegen sexueller Nötigung und Vergewaltigung zu sieben Jahren verurteilt wurde, hat auch keiner im Westen protestiert. Da gab es eine kleine Meldung in den Zeitungen und aus.

Damit will ich Timoschenko und Katzav keineswegs vergleichen. Nur auf die Höhe des Strafmaßes hinweisen. Bei Timoschenko sind sieben Jahren völlig überzogen, heißt es.

Sie haben die Geschichte vom Geschäftsmann Bober aus Schytomyr erzählt, der mit Timoschenko zu tun hatte. Was hat es damit auf sich?

Bober hatte mit Timoschenko vor zehn Jahren eine Affaire. Bekanntlich lebt sie schon seit Jahrzehnten getrennt von ihrem Mann Oleksandr. Und dass sie wie ein normaler Mensch auch entsprechende Bedürfnisse hat, ist so wahnsinnig aufregend nicht. Gleichwohl, ihre Biografen Popov und Milstein – zwei in München lebende russische Journalisten – konstatierten bereits 2006 eine gewisse »innere Leere«, es gebe keine festen Beziehungen oder gar Bindungen,

Jurij G. Bober mit einem der wenigen verbliebenen
Fotos, die ihn mit Timoschenko zeigen

weder in politischer noch in persönlicher Hinsicht,
»sie ist allein, selbst wenn sie sich hin und wieder kurzzeitig einen Boyfriend zulegt«.

So war Timoschenko mit Bober etwa zwei Jahre
zusammen, ehe sie Ministerpräsidentin wurde. In jener Zeit entstanden etliche Fotos von beiden, im
Wald und in der Sauna usw. Nachdem sich die Sache
erledigt hatte, wurde Bober in der Wohnung überfallen, schließlich der Tresor aus der Wand gebrochen
und gestohlen. Wie sein Leibwächter, der von den
Einbrechern gekauft worden war, ihm später gestand,
ging es ausschließlich um die Fotos. Wer aber dahinter steckte, ist noch nicht klar, wer damit kompro-
mittiert oder erpresst werden sollte, auch nicht. Die
Sache ist reichlich undurchsichtig und muss noch auf-
geklärt werden. Es können sowohl politische Gegner
von Timoschenko gewesen sein, die sie damit bloß-

stellen oder erpressen wollten, als auch sie selbst, die die belastenden Motive aus der Welt schaffen wollte. Sie hatte ihn selbst schon mal um die Rückgabe der Fotos gebeten. Nach dem Überfall hatte Bober mit einem Berater von Innenminister Luzenko gesprochen. Der habe aber nach seinem Vortrag nur gefragt: Hast du ein Business? Nein, hatte Bober geantwortet. Schlecht für dich, denn die Lösung deines Problems kostet einiges. Wieso soll ich dafür zahlen, wenn ich Recht und Gesetz einfordere, antworte Bober, worauf der Mann des Innenministers nur gegrinst habe ...

Warum nehmen die Deutschen so einseitig das Timoschenko-Urteil der ukrainischen Justiz wahr?

Weil die Politik ein Timoschenko-Bild vorgibt, das die politische Haltung zur Ukraine stützt. Darüber sprach ich ja bereits. Hinzu kommen tradierte Vorurteile und Unwissen. Wie viele Politiker und Multiplikatoren waren in der Ukraine und haben sich selbst ein Bild gemacht über den Zustand des Landes, über die Entwicklung der Gesellschaft, über die Vorgänge, die in den eigenen Medien nur in kurzen Meldungen wiedergegeben werden? Obgleich wir doch in einer Informationsgesellschaft leben, alles über Internet zugänglich und erfahrbar ist, nahezu jeder Winkel der Erde auch physisch erreicht werden kann, verengt sich gleichzeitig die Weltsicht immer mehr Menschen.

Den Kern des Timoschenko-Problems habe ich bereits erläutert: Für die westeuropäische Politik ist Timoschenko das Instrument, um zur Ukraine auf Distanz gehen zu können. Wer nicht in die NATO und in die EU will, ist eine Diktatur. Es ist wie mit Russland: Als man sich des Landes unter Jelzin sicher war und Putin frisch im Amt, wurde er hier als »lupenreiner Demokrat« hofiert. Als er jedoch begann, selbstbewusst die nationalen Interessen Russlands zu artikulieren und Moskau nicht mehr zu allen Wünschen des Westens Ja und Amen sagte (ich erinnere nur an die Haltung zu Libyen oder Syrien), da war er nicht mehr ihr demokratischer Freund, sondern ein Autokrat und Diktator. Die Punkband Pussy Riot spielt in dieser West-Ost-Propagandaschlacht die gleiche Rolle wie Timoschenko. Die mediale Verbreitung funktioniert besonders gut, wenn das »Opfer« Frau, hübsch und schutzbedürftig ist. So funktioniert der Boulevard. Man weckt verständliche Gefühle, die aber Logik und Ratio ausschalten.

Welcher Einfluss wird die Geschichte von Timoschenko auf die Parlamentswahlen in der Ukraine am 28. Oktober ausüben?

Wahrscheinlich nur einen geringen. Die Masse der Ukrainer interessiert sich weder für Timoschenko noch für den medialen Hype im Ausland, den sie nicht versteht. Ich wurde mehr als einmal gefragt, warum ich ausgerechnet über diese Frau ein Buch schreiben wolle. Ich denke, dass immer mehr Menschen in der Ukraine diese Polit-Inszenierung auch als eine solche durchschauen und sich nicht vor den Karren von irgendwelchen Gruppierungen und Gauklern spannen lassen, die meinen, mit Geld alles kaufen zu können, selbst den Staat.

*

Protestierende vorm Krankenhaus in Charkiw

Im Frühherbst 2012 ist der Ausgang des Falls Timoschenko völlig offen. Denkbar ist, dass sie ihre Haft zuzüglich weiterer Strafen verbüßen wird. Das scheint mir jedoch die unwahrscheinlichste aller Möglichkeiten. Nicht ausgeschlossen, dass der ukrainische Präsident – aus welchen Gründen auch immer – sie begnadigt. Irgendwann und um Ruhe zu haben. Ja, auch um sich großzügig zu zeigen. Oder gar lernfähig. Damit löste er zwar ein vergleichsweise kleines Problem, das große bliebe dennoch: Recht und Gesetz konsequent durchzusetzen, um Rechtssicherheit im Lande herzustellen. Wenn man nämlich laut genug die PR-Trommel rührt und Stimmung im Ausland macht, kommt man raus, lautete in diesem

Falle die Botschaft. Die Freilassung auf diese Weise zu erzwingen, hat so wenig mit Demokratie zu tun wie die Bereicherung auf Kosten der ukrainischen Steuerzahler.

Über eine dritte Option entscheiden im Oktober 2012 die Wähler. Denn wenn die Partei Timoschenkos stärkste Kraft würde, was nicht auszuschließen ist, schließlich ist es ein demokratisches Land und keine Diktatur, dann würden ohnehin die Karten in Kiew neu gemischt.

Wohin die Reise geht, ist völlig offen. Kann sein, dass der Fall Timoschenko nur eine Episode in der Geschichte der Ukraine ist, kann aber auch sein, dass das Land und damit Europa noch lange daran zu tragen haben werden. Julija Timoschenko sollte man jedenfalls nicht unterschätzen.

Timoschenkos Daten

1960   Geboren am 27. November in Dnipropetrowsk
1963   Scheidung der Eltern, sie bleibt bei der Mutter
1966   Beginn Schulbesuch
1978   Nach Abitur Studium der Wirtschaftswissenschaften an der
       Nationalen Universität in Dnipropetrowsk
1979   Ehe mit Oleksandr Timoschenko
1980   Geburt der Tochter Jewgenija
1984   Arbeitsbeginn als Ingenieur in einem Rüstungsbetrieb in Dni-
       propetrowsk, der Messgeräte herstellt
1988   Gründung eines Komsomolbetriebes, die »Kooperative« besteht
       aus einer Videothek, einem Konzerntmanagement und anderem
1990   Eintritt ins Big Business: Bei Eröffnung der russischen Waren-
       und Rohstoffbörse in Moskau erwirbt sie eine Aktie für 100.000
       Rubel. Im Juni 1991 ist diese bereits 4,5 Millionen wert
1991   Gründung von Ukrainskije Bensin, 1992 ist die AG Monopolist
1993   Tochter Jewgenija zum Schulbesuch nach England (bis 2004)
1995   Chefin des Energiekonzerns EESU (bis 1997)
1996   Einzug in das Parlament »Werchowna Rada«
1999   Vizepremier unter Ministerpräsident Juschtschenko (bis 2001)
2001   Ermittlungen wegen EESU-Geschäfte, 42 Tage U-Haft
2002   Bei Parlamentswahlen erreicht ihr *Blok Juliji Timoschenko* (BJuT)
       7,2 Prozent, sie wird Fraktions-Chefin im Parlament
2004   Interpol sucht sie wegen Bestechung
2005   Präsident Juschtschenko macht sie zur Ministerpräsidentin, nach
       einem halben Jahr wird sie von diesem entlassen
2006   Bei den Wahlen bekommt BJuT 22,3 Prozent, als Chefin der
       zweitstärksten Fraktion wird sie Oppositionsführerin
2007   Erneut Ministerpräsidentin
2010   Das Parlament spricht ihr das Misstrauen aus, nachdem sie bei
       der Bewerbung um das Präsidentenamt Janukowitsch unterlag
       Im Mai beginnen mehrere juristische Verfahren
2011   Verurteilung wegen Amtsmissbrauchs zu sieben Jahren Haft
2012   Beginn der Haft im Frauengefängnis von Charkiw und Behand-
       lung durch deutsche und ukrainische Ärzte im dortigen Eisen-
       bahnerkrankenhaus
       Es drohen weitere Verfahren, so u. a. wegen vermuteter Verwick-
       lung in einen Mordfall 1996

Inhalt